光影上海

北京上河卓远文化传播有限公司 出品

光影上海
从清末到民国

禅修的蝉 著

Shanghai

河南大学出版社
HENAN UNIVERSITY PRESS

图书在版编目(CIP)数据

光影上海:从清末到民国 / 禅修的蝉著.—郑州:河南大学出版社,2018.5
ISBN 978-7-5649-3151-3

Ⅰ.①光… Ⅱ.①禅… Ⅲ.①上海-地方史-史料-近代 Ⅳ.①K295.1

中国版本图书馆CIP数据核字(2017)第325672号

光影上海:从清末到民国

著　　者	禅修的蝉
责任编辑	杨全强　张引弘
责任校对	傅红雪
封面设计	周伟伟
出　　版	河南大学出版社
地址:	郑州市郑东新区商务外环中华大厦2401号　邮编:450046
电话:	0371-86059701(营销部)　网址:www.hupress.com
制　　作	南京紫藤制版印务中心
印　　刷	河南瑞之光印刷股份有限公司
版　　次	2018年5月第1版
印　　次	2018年5月第1次印刷
ISBN 978-7-5649-3151-3	
开　　本	787mm×1092mm　1/32
印　　张	8.125
字　　数	160千字
定　　价	58.00元

版权所有,侵权必究
(本书如有印装质量问题,请与河南大学出版社营销部联系调换)

目 录

光影 …………………………………… 1

邂逅 …………………………………… 11

角色 …………………………………… 31

花讯 …………………………………… 71

书香 …………………………………… 106

镜像 …………………………………… 141

乐歌 …………………………………… 162

爱宠 …………………………………… 196

足印 …………………………………… 227

流年 …………………………………… 244

光　影

清末民初的日子,在守旧与变革中充满了不安与骚动。

地处东南一隅的上海,因面向西方通商而生出租界。这是一块近代中国城市文化的试验地,东方古国的土壤,植上舶来的西洋种子,初始有排斥碰撞,继而有接纳包容,后来有渗透融合,最终便生出了过去闻所未闻、见所未见的新文化之树。

这个过程中,有一群女性不能忽视。她们的职业很古老,她们的名声不敢恭维,她们的生活徘徊在放浪与贪婪、辛酸与光鲜之间。

这就是租界里的青楼名妓。

假如换个角度看她们呢?不是从社会道德伦理的角度,而是从近代城市文化的角度,也许就能在相同的历史光影中,见出不一样的风景。

手边有本极具启发性的书:《上海·爱——名妓、知识分子和娱乐文化 1850-1910》,作者是美国学者叶凯蒂。她的研究延续了安克强(Christian Henriot)、贺萧(Gail Hershatter)、王德威(David Der-wei Wang)等西方学者的视角,从文化的角度对上海名妓进行了审视。这种研究最初是安克强的导师开始的,研究对象是巴黎名妓。从巴黎到上海,时间和地点的改变,给这种革命性的研究带来了空间和文化背景上的转换,增添了探究的厚度;不变的则是研究对象,对名妓在城市文化中的作用,其认识不断得以深化。

叶凯蒂的结论:"在长达二十余年的时间里,风头最劲的上海名妓,在空间、仪式、功能和社会意义上冲破了为传统妓女所框定的圈子,重新界定了她们与客人之间的关系,为自己积聚能量。作为强大、自信、面向公众的女艺人,她们真可谓'公众女性'。"①

这段话有点长,有点学术,却不难懂。上海名妓在城市文化新视野里被定位为"面向公众的女艺人"和"公众女性",书中从这个全新的视角出发,多方面论及她们对上海文化发展的作用。

自租界青楼诞生近半个世纪过去,上海地界上又走来另外一群女性。她们随着商品的流转,散布在这个城市的角角落落——普通人家历数日子时,会不经意在墙上看到她们;男人们吞云吐雾、酌饮啤酒时,会在袅袅烟雾和淡淡酒香中欣赏她

---

① (美)叶凯蒂:《上海·爱》,第7—8页。

们;家庭主妇面对琳琅满目的商品不知所措时,也会想着她们的指点。一时间,伊人似乎无处不在。

她们不存在于现实中,而是在月份牌的广告画上,虽然生成于画家笔端,却与大上海的联系万缕千丝,借此维系着自己活泼泼的生命。

她们是月份牌女郎。

李婷在《广告摩登》一书中说道,月份牌女郎"在'趋时务新'的约定俗成社会心态下,将生活时尚化,又将时尚生活化。……成为'上海旧梦'的形象代言人"[①]。

对于游走于生活与时尚间的"上海旧梦"代言人,可否也换个角度看她们,不单从商业广告的角度,还要从城市文化的角度。

青楼名妓与月份牌女郎如同两条溪水,从各自的源头流出,在城市文化这一点上交汇,成了上海这座城市早期的大众文化景观。

20世纪初叶的上海,礼教依然禁锢着多数大清子民,市面上能公开见到的女性图像,只有青楼名妓肖像和月份牌女子绘像——不是深藏在闺房或书斋里的私人小像,而是悬挂于酒肆茶楼,登载于报章杂志,刊印于广告画页的"公众女性"。她们或冷艳、或热烈地注视着上海滩上的人来人往,面对着黄浦江面

---

① 李婷:《广告摩登》,第89页。

的潮起潮落。

青楼小照和月份牌作为平面艺术的产物,属大众艺术一类,内容浅显,手法简单,似乎深究无益且无趣。

其实不然,它们的制作是颇费一番心思的。

拍照时,照中人和摄影师,都期望照片将来能吸引人,他们一起讨论,一起尝试,无论是妆容、衣饰、发型、表情、仪态,还是布景、道具,还有镜头角度、光线等,无不倾心尽力。

月份牌的绘制也是如此。画家主要考量的是构图、画面和人物对观赏者的吸引力,聪明地把商品置于从属地位。个中翘楚如画家郑曼陀"创造性地把照相擦笔水彩画和水彩画巧妙地融合在一起","使画中美女形象倍显光洁细腻而滋润",更令人过目难忘。1940年代以后,"女性形象更为突出,也较少绘制背景和繁杂的花边了,最后连月份也省略了,成为纯粹审美消费的'美女图'"[①]。审美的视觉冲击力愈加直接强烈。

如果只是被青楼小照勾起猎奇心,或是被月份牌女郎的靓丽所吸引,那便不免有点浅薄,辜负了人家的用心。

1898年的花界指南《海上游戏图说》中收录了二十五封上海妓女的书信,取名《海上名花尺牍》。其中,有封名妓李巧仙给恩客的回信,信中说闻知索要自己的照片备感荣幸,接着写道:

---

① 李婷:《广告摩登》,第44、63页。

索寄详照。妹处前印之十二张,均先后为人攘去,然承五哥挚爱垂念殷拳,必欲以薄命容颜为解释相思之感,因特赴兴昌铺中,雇工重印,较前照加长三寸,特行寄奉,恐有情相见之余,当深讶花落容光,为郎憔悴。①

近代以来,上海就以重商闻名于世,月份牌自不必说,它就是为推销商品而存在的。青楼小照貌似男女传情的媒介,寄托相思的物件,却也是青楼倌人的名片,拉客回头的手段。美娇娘与商人合体,情场和生意场汇融,是青楼中的普遍现象。李巧仙虽在信中辞意缠绵,却不讳言多张照片被其他男人拿去,透出对生意的自得。信的末尾,她不忘设想重逢的情景,暗示与恩客再见的愿望,这里既有感情的因素,肯定也不乏金钱的动机,从中不难见出揽客技巧和经营头脑。

精明堪与李巧仙媲美的同仁,当时不在少数,以至于有学者造了"恋爱经济"这一专有名词,来概括沪上名妓们的此类活动。②

月份牌审美表象下的商业内核也在实践中演变,从最初宣传具体的商品,到后来对中产阶级生活方式的推广,让人由对单个商品的消费冲动,发展为对优越生活方式的羡慕与追求,刺激人挣钱和花钱的欲望与频率。

---

① (美)叶凯蒂:《上海·爱》,第130页。

② 同上,第119页。

可见,青楼小照和月份牌一样,都是在亮丽外表下,隐藏着一颗商业的用心,散发出上海这座城市特有的商业文化气息。

身居同一城市的两类丽人,虽然各自当红的年代不同,生存的世界不一样(现实与虚拟),呈现的方式也迥异(摄影和绘画),但在她们的身姿容颜中,可以觅得相连的血脉,找到传承的关系。追溯二者的联系,对还原这座城市初始的文化发展脉络,无疑是有益的。

别小瞧这些图像,比之文字构成的皇皇巨著,确似一些微不足道的碎片,散落在时间的光影里。但"由于摄影能保存一件事或一个人的外貌,摄影术一直都和历史的概念相关连"①。写实风格的绘画也具有类似的性质。所以,它们的保真程度很高,不会因人为好恶被任意取舍,也不会被变化的社会思潮轻易左右;同时,因为细节辨识度好,对历史面貌的还原就更真实,更具说服力。德国文化评论家克拉考尔(Siegfried Kracauer)说过,"城市是由许多片断的符号所组成的空间"②。青楼小照和月份牌若单个存在,便是含有文化信息的片段;若将它们归拢聚合起来,以不同的年代和主题,置于不同的社会历史框架内,在对图像进行解码的同时,遵循相应的逻辑加以"拼图",就能从感性的细微处,观照出特定社会、历史的大空间来。因此,英国文

---

① (英)约翰·伯格:《影像的阅读》,第51页。
② 转引自李政亮:《光影巴黎——广告海报中的城市故事》,序。

化学者约翰·伯格在论奥古斯特·桑德(August Sander)的摄影作品时说:

> 如今幸存的部分(照片),可以称得上是一部卓越的研究社会、人类的史料文件。①

很庆幸,上海也有青楼小照和月份牌这样感性的"史料文件"。

公共女性图像要具有"史料文件"的价值,须兼具下列特点:

首先是"公共性",即以公众为对象,吸引或满足大多数人的欲望与需求。青楼小照虽是为特殊消费的小众准备的,但从观赏角度看,一样具有大众缘:对一般男性观者而言,可以满足对名妓的好奇心,得到近距离观赏"梦中情人"的机会;对于身处异地的男性观者,小照成了赴沪一游的诱惑之一。对女性观者来说,名妓的衣装、发型、首饰等,都是她们关注的对象,也是她们追随时尚潮流的依据。

月份牌的公共性,说来有点波折。最初百姓没有看广告的习惯,不为画中夷人女子所吸引,后来改用了本国女子形象,又加印了日历,使之有了实用功能,才得到市民青睐,日后广受欢

---

① (英)约翰·伯格:《影像的阅读》,第32页。

迎。所以,市井昵称其"月份牌"而非"广告纸",原因就在这里。

其次是"流通性",即流水般不断出新,保持图像的新鲜感,所谓"户枢不蠹,流水不腐"是也。

借石版画为佐证:1880—1890十年间,与摄影有着异曲同工之妙的石版画十分流行,成为名妓倩影发布的又一平台。几乎每过一段时间,即有新人推出,刊印成画,进入流通。有名有姓者,诸如:"金小宝"、"张书玉"、"王小宝"、"谢月香"、"林黛玉"、"马巧珠"、"谢缃云"、"胡宝玉"、"郑金花"、"胡绣林"等等,不胜枚举。一众美人交替现身,经年不绝,以香艳吸引大众视线,青楼文化的公共影响力因此而历久不衰。

月份牌作为广告画,在都市女性形象的创造上,根据不同的营销需求,"花卉女郎""书卷女郎""音乐女郎""宠物女郎"等先后粉墨登场,以此引导时尚的流行。画面的构图、色彩、装饰手法和表现方式,亦迎合着世俗的审美变化,持久而不动声色地诱导着都市里的芸芸受众。

三是"互动性",公共图像不仅要符合民众的需求,还要善于发现新的趋向,既"合胃口",也"吊胃口",在流通中与公众达成充分的互动,宛如两股水流不断激荡融合,方得长流水、水长流。

简言之,图像的公共性、流通性、互动性愈佳,同社会的勾连就愈繁复,与大众的交流就愈频密,其中的社会文化蕴蓄自然愈加丰厚,对后人探究历史的帮助也就愈大。

图 1 《尝异味,身陪外国人》,石版画
——梦花馆主江阴香,《九尾狐》插图

画面说的是名妓胡宝玉在陪伺一位外国客人,这个场景是小说《九尾狐》第二卷第十章的插图。值得注意的是,在这幅极具写实意味的画面中,墙上那幅肖像照便是女主人的倩影,可见当时名妓已经有意识地把照片当作自己生意的名片了。

青楼小照如此,月份牌亦然。

闲话说多了,就此打住。

邂 逅

引子

青楼女人、照片、月份牌,三者似无关联。

在那个世纪之交的上海,奇妙的联系发生了。

青楼古已有之,清末朝廷屡禁不止,1845年英法租界的出现,使其得以安身其间,重获了立命的机会。

之前有个叫南格禄的法国传教士,1844年把照相术带到了上海,那一年,离照相术在法国的诞生,不过七年。①

再之前的1843年,上海刚刚开埠,就像新娘揭了盖头,惹得西方大船送嫁妆似的运来大量货物。随货来的还有画片:商品图样、异域风景、骑士战争和夷人女子。这便是月份牌的前

---

① 葛涛、石冬旭:《具像的历史》,第11页。

身。①

有位中国先哲说过,淮河南产的叫橘,甘美可口;淮河北就叫枳,苦涩难咽。任何东西移去异地,多有水土不服发生。②

照相术遇上的第一道坎,便是民间传说相机会把人的魂魄摄走,应了国人对摄魂大法的恐怖想象,自然敬而远之。

化枳为橘的门径在哪里?

门扇开启,青楼里走出了一群女人,迈着小脚,扭动腰肢,轻松跨过那道坎,走进了洋人开的照相馆。

1877年的上海《城市指南》记载:"西人有照相之术,能以药水照人全影于方寸纸上,神采毕肖。凡有勾栏中人,莫不争相照相,悬之壁间,或以赠客,近则流传外省,无处无之。至于名妓数人,则该铺中必存留原拍之玻璃,随时印出,任人购买,获利诚无已时。"③

今日读来,这段话里有三重含义:

一是影楼倚重青楼,"凡有勾栏中人,莫不争相照相"。赫赫有名的耀华影楼就在《世界繁华报》上广而告之:名妓光顾本店,一律五折优惠。名妓照片成了影楼的广告,招呼着市井百姓前来。④

---

① 见李婷:《广告摩登》,第26页。
② 见《晏子春秋·杂下之十》。
③ 浪游子:《海上烟花琐记》,卷3,第11页。
④ 《东西耀华 倌人半价》,《世界繁华报》,1905年3月8日。

二是青楼小照已成为上海的公共文化名片,"流传外省,无处无之"。这是过去不曾有过的事:风尘女子的相片,竟成了传播一座城市名声的媒介。

三是名妓倩影是新颖的文化商品,"随时印出,任人购买"。这许是中国最早的公共文化产品了。

不独如此,她们进了影楼,还对摄影风格的变化,起到洋为中用的作用:

"名妓们可不是只等着照相。照片是集体作品,摄影师、主人公,乃至不会说话的服装和道具都参与了创作。名妓自己选择服装,……她们还自己设计表情和眼神"[①],成为这类城市文化现象的创造者。

早期照片,举凡中式高几、线装书函、高腰瓷瓶、盖碗茶杯、博古架、水烟袋,无不弥漫着中式家居的味道;不离手的书卷、扇子、手帕、花朵,也让人想起仕女在古画里的做派。这些,兴许就透着她们的心思。

上海开埠通商不过二三十载,租界也才初具规模,西洋照相术就和上海本土名妓发生了奇妙的结合,在这座城市里的巷陌间留下了帧帧图像。

月份牌最早是舶来的广告画,用于推销商品。画上的外国妞,金发碧眼,搔姿弄首,国人看不惯,弄得商品也很少有人问

---

① (美)叶凯蒂:《上海·爱》,第89页。

津。

礼教甚严的当时,没有中国女子愿做广告画的模特,来吸引国人消费洋货。月份牌本土化的步履走得好是艰难。

机缘巧合,照相术先一步的成功,为月份牌画找到了绝好的替代模特——照片上的青楼名妓。

至此,青楼女人、照片和月份牌在无意间相遇,铺排出下面的故事。

虚构故事

相片模特

四宝站在楼上睡房的窗口,看到了自家堂子的大门。两个写有自己名号的灯笼上,破洞处的红绸在风里瑟瑟抖动。大门上的黑漆也有些剥落,露出了白色的底。她早就想请人拾掇一下,不过眼下却没了心情。昨晚,德伦在这里做了局,席上说的一桩事,让她不爽,心里堵得慌。

一大早,就叫厨房里的元贵把那张画纸从对面的香烟铺找来,眼下正摊在桌上。一旁摆着自己放大的照片,四年前在跑马场耀华影楼拍的。

两人一般的瓜子脸,都是微微向左侧。

照片上的镶珍珠发带,是德伦那年去法兰西国买的,和画

图 2 上海名妓。明信片,约摄于 1910 年。

图3 英美烟草公司的香烟月份牌,作于民国三年(1914年),作者不详。

上女人倒 V 字的发带一样。

身穿同款服装,遮脖高领,半截外袖下露出束口的内袖,只是一个中分,一个斜襟,这样式早不时兴了。

左手腕都带着深色的手串。

照片上自己手拿白菊,画上女人拿的是朵玫瑰。

一样样比对下去,四宝愈觉得那张画像面镜子,把照片上的她倒映了过去。奇怪的是,此刻的她并无不快,心里竟也不觉得堵了。

"凭啥德伦说侬比阿拉漂亮?"

四宝得意地用手戳了一下画中的女人,再轻轻拍了拍自己的脸颊,窃窃笑了。

见到德伦一定要告诉他,侬格相好比画上的更靓。还要问问他,做啥要拿那张画来给她添堵?至于为啥烟草公司要画那张画?做啥画上的女人这样像自己?四宝不想再去伤脑筋了。

"今朝夜里厢会有多少局呢?"她寻思起晚上的生意来。

几个街区以外的英美烟草公司大楼里,中国画师伯翔也立在窗边,看着不远处江面上穿梭往来的外国轮船和片片渔帆。有一刻,他的目光追着一只舢板,在阔朗的江面上行去好远。

转回室内,冬日午后的阳光洒满画桌,他随手翻弄起桌上的月份牌画稿,脑子里满是查理总监的夸赞。

这夸赞同他的一个提议有关。

两个多月前,他向查理总监提出,公司产品的广告月份牌上,最好不用西洋美女,换成中国女人,这样更容易吸引中国男人的目光。

"Where to find Chinese female model?"(哪里去找中国女模特?)

查理随便一问,他就被噎住了。

中国女人的规矩多多,胆子又小,别说坐在那里让你画,就是见个生人都会慌张失措。乡下女人不行,上海城里的女人也不行。

灵光一闪,他想起看过的一张明信片上的照片,上面的女子模样周正,服装新潮。照着相片摹下来,稍做些改动就行。他双手一拍,起身便去做了。

画稿上女子的样貌、头饰、服装、仪态、做派,一眼看去就是上海女人的味道。她闲坐在邻水亭台中,远山近水,颇有中国画的韵味。英美烟草公司产品的不同烟标,环绕在画面的四周,看似装饰,实则广告,处理得十分巧妙,深得总监的赞许。

后来,他就管明信片上的女人叫"相片模特"。

方才查理总监来到他的画室,亲口告诉他那张月份牌广告画面市后,明显带动了公司香烟的销量。总监离去有一会儿了,他还没缓过神来,恍若喝得微醺一般,头有点晕,但浑身哪儿都舒坦。他想,以后就用明信片上的中国女子做模特,让画上原来的那些夷人女子打道回府吧。

至于明信片上的女人是谁,伯翔到现在也不甚清楚,只听说是个有名的倌人,从前在尚仁西里那边住过。

关于图片

上面是依据图2、图3两幅图片杜撰的故事。

虽是杜撰,并非一点来历没有。

故事里的四宝姓胡,确为当年上海滩的当红名妓,那张明信片被收入了《上海历史明信片》一书。文中提到她的住处"尚仁西里",当然不是她的真住处,但确是一处当年的青楼所在。那家为她照相的"耀华"相馆,也是当时名头很响的店铺,跑马场的这家是两家分店之一,外籍老板女儿任摄影师,上门拍照的青楼女客很多。

纯属巧合,伯翔也姓胡,是当时上海有名的月份牌画家,1917年进入英美烟草公司画室。那幅举例的月份牌画,发行于之前的1914年,当然不是他的作品。但因了他的画技,还有恰好供职英美烟草公司画室的经历,便请他出了场。此段乃虚构。

早期上海的烟草广告,基本是西洋女模特的一统天下,自然提不起中国烟客的兴趣,影响到香烟的销量。中国女模特的出现,确是针对营销对象的"有的放矢",同时也依稀见出青楼小照和月份牌之间的某种传承关系。

文中所用的两张图片,前后间隔五年,尚无史料直接证明二者的联系,只是从时间的先后和图像相似度的比较中,推测了二者的关联。

从密室走向大众

上面的故事,讲述了青楼小照与月份牌画的不期而遇。

照片上的名妓做了月份牌广告画的模特,是无意,是跨界,也是被迫。看起来偶然,其实不然。

她们一般天生丽质,相貌出众。当时著名竹枝词作者袁祖志这样描摹名妓李三三:"阅遍环肥与燕瘦,风情都逊李三三。容光四射暗香含,压倒群芳定不惭。"[1]虽是套话,却也不是空穴来风,李三三是1882年花界选美的榜眼(季军),姿色定然不差。[2]

颜值高是好模特必备条件之一。

她们通常表现欲望超乎常人,兼之秉性特立独行,轶事奇闻层出不穷,一直是娱乐小报、城市指南、石版画报、竹枝词等追踪的焦点,加上坊间传闻迭出,一时间声名之高无出其右。

名气大是好模特必备条件之二。

她们在穿着和行为上,时常因种种惊人之举,搅得四下风生水起,引领时尚潮流变向改道:

---

[1][2] (美)叶凯蒂:《上海·爱》,第204页。

光绪乙未、丙申间(1895—1896)竞尚淡素,是年秋赛时忽改为大红大蓝,复用金线织绣,益觉五光十色,斑驳陆离。林黛玉、林月英两校书,各着大红织金衣一件,于是海上诸名花衣饰顿为一变。①

影响岂止于花界,社会上仿效者日众。当时,一位租界的德文报纸编辑这样写道:名妓"穿戴的东西现在得到了大家的认可。旧风俗已经荡然无存了"②。

号召力强是好模特必备条件之三。

可见,月份牌若以青楼女子做模特,做到便赚到。

不过且慢,青楼的名声一向不好。如何才能消除妓女道德上的劣势,让公众接受其新的公共形象?

媒体作用不容小觑,它们与青楼互为依托。一个制造话题,通过媒体扩大影响;一个讲述故事,吸引受众,扩大发行。这个互动的过程,客观上淡化了对青楼文化的道德批判,突出了它娱乐性的一面。经过不断的漂白,名妓由身处密室的邪恶之花,华丽变身为大众眼中的娱乐之花。

来见识一下媒体对名妓形象的"点化"。

---

① 陈无我:《老上海三十年见闻录》,上海书店出版社,1997年,第39页。
② 转引自(美)叶凯蒂:《上海·爱》,第64页。

这是《世界繁华报》专栏"海上看花日记"1901年10月1日的报道：

——林黛玉打电报：六点三十分钟，林黛玉打一个电报到扬州，勿晓得啥事体。有人说是打发两淮盐运使林如海格。

——祝如椿不嫁人：格两日外头才说祝如椿嫁仔人哉。其实瞎三话四，并且弄子两个小个，二十进门。①一个叫祝怡春，一个叫祝梅春，连老底子格祝逢春，牵大搭小，倒有四个人做生意哉。

——贺爱蓉搬场：惠秀里贺爱蓉，本来勿曾挂牌子，现在听见说要搬场哉，搬到垃圾桥去，大约是住家。②

——李金花要寻小鹿：李金花前日子夜里，坐勒相帮肩架浪，勒马路浪东张西望，看见子熟人，就问阿会见歇小鹿。别人问俚啥事体，金花说，小鹿欠仔倪一台菜钱，十四个局钱，节浪勿曾开销，故歇才弄得人面才勿见哉，无晓得啥格缘故。

——金小宝祝如椿相骂：礼拜日夜头，金小宝勒马桂仙看朱素云格戏。

桄子一歇，祝如椿也来哉。冤家碰着对头人，两家头就是实概相骂起来哉。汪浪汪浪，吵得来一塌糊涂，后来还是案目上

---

① "进门"这里指加入祝氏妓院。
② "住家"指门口不挂牌子，仅供贵客私享的高级妓院。

来,劝死劝活,两个人当中,拿一个劝间子落完结格,勿然定归要打起来格……①

一口气说了五桩,全是鸡零狗碎、家长里短的寻常事。提到的林黛玉、祝如椿、金小宝等名头,在花界可谓是如雷贯耳。她们本该很神秘,很有距离感,到了这段文字里,却生生成了活在身边,操方言,过稀松日子的平常女人:寻人、辟谣、搬家、讨债、吵架,凡此种种,散发着浓浓的市井味儿,陡然拉近了与普通百姓的距离。

报道用语也很独特,不用优雅的书面文字,操白话、半文言和方言俚语混合而成,迎合了当地读者的语言习惯,使那些不懂白话但粗通文墨的下里巴人,也能读懂,有助于改变名妓在普通人心目中的形象,可谓"润物细无声"。

名妓是天生的模特,漂白以后,她们的职业负面感弱化了,娱乐性增强了。小照相继出现在媒体上和公共场合间,成了尽人皆知的公共图像。因此,当她们的形象被克隆在月份牌上,大众便没有了惊愕,也没有了道德上的反感与抵触。

"无心插柳柳成荫"。当年的英美烟草公司广告商真的很走运。

---

① 转引自(美)叶凯蒂:《上海·爱》,第231页。

虚构故事

对镜梳妆

今年上海夏天的性子急,才过五月,就慌忙燥热起来。

苏桂平早想把头发剪了,烫个大波浪。天热,这念头也跟着升了温。同云泰商量,他说记得阿婆和姆妈头发清爽的模样,也看惯了她现在的样子。到底同意不同意,没说。

家里有蚊子了,桂平赶紧去永安商场①买蚊香,顺路拿了张月份牌广告②。看到上面的画,她有点恍惚,好眼熟。去后面亭子间,翻出了那张老照片。

阿婆那时好年轻,搭在凳子上的脚好小。凳子,梳妆台,还有梳妆盒,都是红木的,听阿婆说,是她出道堂子里最好的一套。那面镜子,还有化妆盒,留到了桂平手上。

桂平印象里,阿婆从不提以前的风光,只喜欢念叨梳头的好:

每日早起,立在卧房一边,看着大脚阿香把凳和脚靠摆好,距离适中,坐着搭脚才舒服。白瓷高脚痰盂照例放在脚边,用来

---

① 永安百货系归侨郭乐于1918年创办,为当时上海四大百货公司之一。
② 郑曼陀作上海华成烟草公司广告,20世纪20年代。见李婷:《广告摩登》,第45页。

图 4 名妓梳头照片，约摄于1910年代。

放梳落的头发。打开梳妆台，露出各色梳子，木的、骨的、牛角的。掀起化妆盒盖，亮出胭脂粉饼。那面不起眼的小镜子，据说是一位恩客在巴黎博览会上买的，背面有长翅膀的天使。梳头开始时，阿香就把镜子交到她手里。

阿婆说，阿香做这些都有顺序，从不出错。桂平听着总像是某种仪式前的准备，繁琐细碎，还分着先后。转念再想，这一切都是为了她，难怪有耐性看上半天，一定很是受用。

阿婆还说，阿香的手很轻，很柔，自己的头发很软，很顺。桃木梳在头皮上刮过，针刺般麻酥酥的。牛角梳的感觉钝一点，像虫子爬。篦子的感觉最好，阿香轻手一篦，头顶便沐过一阵轻风。每每说到这，阿婆都会张开嘴笑，露出缺了齿的门牙。

几十年过去，原以为没人梳头那么排场费事了，没想到月份牌画上的太太梳起头来，还是那般大费周章。

图5 郑曼陀作,上海华成烟草公司广告,20世纪20年代。

头剪还是不剪？桂平寻思片刻，决定不改初衷。

对了，赶紧收起这画和照片，让云泰看到，不定会说出什么来。

关于图片

这是一个从照片与月份牌的联系里，生发演绎出的故事。

图4是从网络上找到的，并无拍摄的年份和地点，从服装上看，大约在1890—1900年间，因为裙裤已替代了之前的长裙，单件上衣，袖口不再宽大，符合那个年代的特征。其式样、花色、质地均与同期上海名妓相同，人物身份的设定大抵不会错。

月份牌-图5是华成烟草的广告，郑曼陀作于1920年代，距照片有一二十年光景。画中家居陈设，尤其是地毯和女佣，显出生活的优渥。女主人似乎偏于传统，中式衣服和所梳发型都是旧式的。不过，墙上挂的那幅小画，透露了主人对西洋生活方式的兴趣。

之所以把它们摆在一起，是因为二者有太多的相似，从表现内容，到人物关系，再到构图，想到后者是对前者的模仿，应当是自然的事。

不过，这回品味的重点不在图像上，在梳头本身。

日子里的仪式感

梳头之于女人,再寻常不过。这样说,对于普通女人大抵不错,然而,对于青楼名妓或大户人家的女当家,意义却不一般。

男权时代里,无论社会的、家庭的仪式活动,大多围绕男性展开,由男人主持完成,譬如祭神、祭祖。女人在这类场合是不许抛头露面的。

然而,女人自有女人的去处,那里有女人自己的仪式——梳头。

没想到吧,这是男权社会对女性少有的法外开恩之处。

青楼内部是一个有等级的空间。头牌名妓置身于顶端,梳头自然最为讲究。据《娱乐指南》或当时小说的描述,名妓们一般是中午前后才起床,梳头要花去很长时间。她们往那里一坐,身边即有数位女佣环伺,各司其职,按照承袭已久的程序,有条不紊打理起本家头牌的头发。还有的是职业发师专门上门,每日为她们梳头。

> 只见陆秀宝坐在靠窗桌子前,摆着紫檀洋镜台,正梳头。杨家姆在背后用篦篦着,一边大姐理那脱下的头发。①

---

① (清)韩邦庆:《海上花列传》,第2回

这是小说《海上花列传》中名妓绣房里的场景，一般倡人绝无这般待遇。

本来一人可做的事，却要假多人之手代劳，且无日无之。对于被梳头的人，这既是一种享受，更是对人际关系的宣示，对既定秩序的肯定，凸现出自己的地位和权威。

想一想那众人环伺的场面，就能体会到一种日常生活的仪式感。

强调秩序与权威，是所有仪式举行的目的之一，无论是对神灵，还是对祖先，或是对某些女人。所以，青楼里和大院中才会有人乐此不疲。

旧时青楼女子对头发的重视程度，也非今人可以想象。

清人韩庆邦的小说《海上花列传》对此多有描述。令人印象深刻的是第十回"理新妆讨人严训导"。说的是名叫双玉的"清官人"首次接客，"理新妆"时随意理了理头发，便急着要穿新衣。也许在她眼里，服装比头发对她的首秀更重要。

不过，在经验老道的姨娘周兰看来，这是不能原谅的错。训导几句之后，她"乃将手中揣着的豆蔻盒子放下，亲自动手替双玉弄头。捏了又捏，揿了又揿，浓浓的蘸透了一根子刨花浸的水，顺着螺丝旋刷进去，又刷过周围刘海头。刷的那水从头颈里直流下去，连前面额角上也亮晶晶都是水渍。双玉伸手去拭，周兰忙阻止道：'耐勿要动。'遂用手巾在颈里略掩一掩，叫双玉转

图 6(左),图 7(右)。这两张图片中,左侧的是名妓照片,右侧的是月份牌画,不难看出无论是发带、衣领、人脸角度和神情都具有很高的相似度,几乎可以判定月份牌画中的女子,是对照片人物的临摹。

过脸来,仔细端详一回,说:'好哉。'"[1]

这番不吝笔墨的白描,细到毫颠,并非仅仅再现青楼里的梳头过程,而是强调对倌人头发的重视,此乃当时行业的通例。头发打理得如何,不仅关系到个人形象,也关系到店家的声誉和生意,自然马虎不得。

这些就是故事里梳头图片生发出的题外话。

---

[1] (清)韩邦庆:《海上花列传》,第 10 回

角　色

引子

在上海租界的地面上,名妓历来是个角色,多重的生活,造就了她们不同的人格侧面。

情感游戏者——穿梭来往于不同的男人间,真真假假,虚虚实实,让与之接触的男人都觉得,自己最被钟爱,这要有极好的记性和演技;

艺人——自幼习音律,精通或粗通乐器,依客人喜好,吹拉弹唱,在京腔与吴韵间悠游转换,以助客人之兴;

才女——最让出入青楼文人心动的,是少数名妓文才斐然,常与客人吟诗作赋、两相唱和,一些诗作还登载在报纸上;

商人——有敏锐的商业眼光,对初次上门的客人,凭直觉可立判对方钱袋的深浅,以此决定取舍;欠下巨额债务时,以假结婚诱人代偿,躲过破产危机;为争取多金客人,机关算尽,花样百出。

这只是明面里的角色,她们内心渴望什么,外人不得而知。那些之前的话本小说,曾有过肤浅描述,也只是水中望月,雾里看花。

其实,也许连她们自己都没意识到,一扇通往内心深处的窗始终洞开着,让外人窥见了内中的隐密——名妓们听从内心欲望的驱使,突破现实局限,甚至挑战性别的自然法则,去扮演理想中的社会人或自然人,在自己选择的空间与角色里,透一口气,过一把瘾。

这扇窗便是青楼小照。

照相馆的摄影棚和照相机,像《爱丽丝梦游仙境》里那个神奇的兔子洞,成为帮名妓们达成愿望的密道。在那里,她们按照自己的意愿,走入不同的世界,扮演心仪的角色,于方寸相纸间,演绎了一出出"变形记"。

虚构故事

雌雄莫辨

施德之先生一大早就坐在耀华照相馆的前厅,点起一支雪茄,深深吸了一口,目光没离开大门。

他在等一位叫祝如椿的女人。昨晚,艾娃告诉他,有个有名的倌人要来拍男装照。第一次有人这样要求,他不禁好奇,想见识一下这位女士。

如椿前阵子有点心烦,外面传她要嫁人。大概是万孝仁放的风,那男人吃不到葡萄就说酸话,脑筋一定是有毛病了。现在生意不错,靠自己和逢春都忙不过来,嫁啥人?这不,才托苏州乡下的五婶,找了两个姑娘,排下来就叫怡春、梅春。

昨晚睡得迟,姨娘和大姐现在才给她梳头。梳子耙过头发,她舒服得眯起了眼,整个人迷瞪瞪的。冷不丁,那个烦扰她好几天的念头又冒了出来:店里人手多了,吃饭的也多了,客人呢?她心头一紧,催姨娘快些,早饭也顾不上吃,要去见住对面的兰英。

弄堂里静悄悄的。快过年了,这条街上的生意都好,不到四更静不下来,不知道兰英起来没有?

夜里落了雪,满眼都是白,地上的雪被风吹成一道道小棱,难怪天快亮时听到外面风啸的声音。眼下风歇了,雪还在飘着,落在脸上凉嗖嗖的。地上冻了冰,如椿那双小脚走得格外小心,半道上差点滑倒,想喊小云,转念又罢了,一个人晃晃悠悠进了兰英堂子的后门。

拍落身上的雪,上得楼来,一个大姐刚要招呼,给她止住了,一把撩起厚厚的棉帘,进了兰英的绣房。屋内一盆炭火烧得正旺,兰英正偎在美人榻上,抱着一个用苏绣套子裹着的东西,侧身看《点石斋画报》。如椿晓得,她怀里是个威士忌空酒瓶,里面灌了热水。上回亨得利洋行的亨利就是这样教她的,看来,那洋人也来过这里了。

条案上的自鸣钟突然"当当"响起来,兰英一扭头,正好看到如椿的手举在半空,将落未落,便一拧身子站了起来。

"做啥啦,偷偷摸摸仔?"

如椿待她笑毕坐下,拉过一张红木雕花椅,坐在她对面,一边把手放在炭盆上烘烤,一边将来意说了。不想,没等说完,兰英笑了起来:

"真是交关巧仔,四马路同安里的王云仙上画报了。"随手把画报递了过来。

画报上,一人头戴瓜皮小帽,上钉霞帔,身穿京式元绉棉袍,竹根青马甲,足穿旗装镶鞋,立在路边,活脱脱个公子哥儿。画面题曰《不甘雌伏》[①],若不写明那人是同安里的王云仙,还真认不出来。

"格个样子好伐?"如椿不知兰英何意,对画中的女扮男装有点难以接受。

"侬不晓得呀,如今穿衣裳交关要紧仔,哪家堂子不在动脑筋拉客人?"兰英说着又站了起来。

"那天我同尚仁里、宜春坊,还有同安里的倌人出局,"她边

---

① 张志瀛绘:"不甘雌伏",《点石斋画报》,第206号。

图 8 名妓祝如椿男装照片。约摄于 1910 年前后。

说边比划:"有穿西洋连衣裙,头顶蕾丝软边帽的;有梳了老高的云髻,腰里系了长裙,扮作东洋婆的;有穿道装,扮道姑;还有着了燕赵装,扮作侠女的。真是只要想得到,就能穿得出。"

如椿听了大感意外,不由愣住了。

"噢,对了,那天同安里的王云仙穿的就是男装,宽袍大袖,还戴了个墨镜,拎了根文明棍,老出风头的!"

如椿近来一边忙着应付万孝仁那家伙,一边忙于打理堂子里的事,对这风气的变化只是零星耳闻,谁知道洞中三日,世上已是百年。

"客人喜欢伐?"

"当然啦,啥人不欢喜新鲜!听人说客人排队要见王云仙哩,她家老鸨数钱数到手酸。我看这本画报,也是想看看有啥脑筋能动的。"如椿这才明白兰英为啥起得这样早,原来同她一样,也在操心来年的生意。

"侬的名气比她大,身形比她好,只要敢同她学,保管客人多得唻。"兰英用挑战的眼神盯着如椿。

如椿的心动了,两个脑袋便凑在一块低声起来。

第二天,如椿进了耀华相馆。女摄影师艾娃听了她的要求,起初有点吃惊。她知道,即使在西洋,穿男装照相的也就是在风气最开放的法兰西国,德国还不曾听说过这种事,别说是风气初开的上海了。

如椿仿佛铁了心,艾娃见她主意已定,也就不再说什么,只是劝她不必穿得太过,眼前是冬天,带个男帽,穿个男式棉袍就行。至于戴墨镜,拿文明棍什么的,这次就算了。如椿听她说的在理,就答应了。

临走时,如椿说男人的棉袍和帽子她自备,如果拍得满意,尺寸就放到最大,不上《游戏报》和《世界繁华报》,就挂自家的门厅里。

艾娃接下了这单生意,便有了这天早上她父亲在门厅里的等候。

后来,照片挂出来反响不错,客人见了,都会议论一阵,调侃一番,还传了出去,成了街头巷尾的话题。

这正合了如椿的心意。

关于图片

照片-图8的主人祝如椿,确有其人,是1897年上海青楼花选的"榜眼",时年17岁,姑苏人,当时住四马路同安里。[①]随着名头渐响,自己开起堂子,当起了老鸨。如故事所述,自家堂子里另有逢春、怡春、梅春三位倌人,可谓春意盎然。有关她嫁人的传闻,还有手下的"三春",当时的《世界繁华报》报道过。[②]

---

① (美)叶凯蒂:《上海·爱》,第237页。
② 《世界繁华报》1901年10月1日。

至于拍这张照片的具体缘由,并无史料依据,纯属想象。

耀华相馆的老板是德国人,真叫施德之①。女儿是店里的摄影师,不假,但不叫艾娃。艾娃是德国女性的常用名,借来一用。

进入男人的世界

谈到易装,很容易和性联系起来,其实成因并不简单,尤其是名妓这一特定人群,易装习惯的养成既有职业原因,也有性的原因,无法一概而论。

职业要求名妓保持较高的知名度,这对生意大有益处。因此时常制造话题,在媒体上吸引公众注意,是必备的功课之一。在引起关注上,着装的标新立异是最便捷的方法。她们绞尽脑汁,仿佛诗人语不惊人死不休一般,对此日日琢磨,时时思量。恰好,当时的上海租界,华夷杂处,风气开放,随处可见的外国女子,成了她们模仿的对象。

《点石斋画报》记录下这样的场面:落日时分,尚仁里的名妓"出局",穿戴各异的女人们鱼贯而出,就像一场时装会——有穿欧式连衣长裙,头顶蕾丝软边帽者;有云髻高耸,腰系长裙的东洋装者;还有着道姑装、燕赵装者;其中,最引人注目的,莫

---

① (美)叶凯蒂:《上海·爱》,第90页。

过于穿男装戴墨镜的宽袍大袖者。[1]穿夷人女装,只是跨越了国别和文化习俗;着男装则是越过了性别的界限,在当时租界开化的氛围里,这虽不至于惊世骇俗,却也能让人目瞪口呆,会迅速发展成最具话题性的坊间传言,有助于扬名立万。

故事里祝如椿拍男装照时,也许正是这样想的。

妓女的现代称呼叫性工作者。让人疑惑的是,每日与异性打交道的她们,难道还要通过易装去获取满足?

这要从她们的职业性质说起。在这个行当里,性因金钱的扭曲而异化了。

正常的两性关系,不单是肉欲的宣泄,还须有情感的满足。青楼是一个矛盾体:一方面是放纵的肉欲场,另一方面是情感的蛮荒地,灵与肉被区隔开。"四大名旦"之一的林黛玉,在花界浸淫多年,且有数次嫁人经历,最后还是重返故地,复操旧业。在写给一位从良同伴的信里,她述说了没有爱人和家庭的苦寂:

"自嗟命薄如斯,萍飘蓬梗,回头若梦。恨也如何?"复又云:"三更凉月,空照孤眠,五更鸡声,易增愁绪,人生当此况味可知,屡思遁迹空门。"[2]

---

[1] (美)叶凯蒂:《上海·爱》,第69页。
[2] (美)叶凯蒂:《上海·爱》,第128页。

林黛玉是当时青楼的领军人物,还是好几部邪狎小说的原型,表面的亮丽光鲜,与信中透出的寂寞悲凉反差极大。她深深体会到物欲横流的欢场,难有情感归宿,几次从良,无处能落叶归根,让她生出遁入空门的念头。孤独与空虚如何排遣?女人的依靠在哪里觅得?易装也许就是一帖安慰剂,可以从中得到变态的慰藉和满足。幸好有这种心思的同行并非个别,从林黛玉与其他同好合拍的易装照中,即可得到印证。[①]更有甚者,数年后她竟把花名"黛玉"径直改为"宝玉"[②],从易装到易名,全套向男人看齐,若是雪芹先生知晓了,不知会作何想?

　　可见,青楼里的易装习惯,与名妓的情感需求失衡有莫大的关系。

　　除了女扮男装外,青楼小照还留下了与性别有关的其他内容:

女装男风

　　照片-图9中的场景貌似酒吧,其实是摄影棚一角,光线是人工的,身后是布景。画面上,两个倌人行酒令猜拳,面前各置饮料一杯,想是代酒用的。青楼倌人会行酒令,但从来不是酒桌

---

① (美)叶凯蒂:《上海·爱》,第69页。
② 同上,第146页。

图9 名妓划拳照片。摄于民国初年。

的主角,只是代客行事而已。私下也会聚在一起喝上几口,划上几拳,但从不敢在公共场合张扬,心里难免憋屈。

在照片展示的虚拟公共空间里,她们虽然身着女装,形体稍有拘谨,玩的却是正宗的男人游戏,体会的是大丈夫喝酒行令时的恣意放纵。

角色互换

照片-图10上的四位女子分别是翁梅倩、林黛玉、蓝桥别墅、梁溪李寓,摄于20世纪初的上海。这四位可是当时名满青楼的名妓,其中三位头戴元宝帽,身着男式长袍马褂。那位跷起二郎腿的坐姿者,手拿折扇,尤其器宇轩昂。后排站立的女子,头戴的发带、身穿的长袍和外面的羔皮背心,都属同款——深

图10 名妓翁倩梅、林黛玉、蓝桥别墅、梁溪李寓。约摄于1910年前后。

色、绣花,看上去做工精良,显得富贵而女性味十足。面对镜头,四人或坐或立,神情怡然,仿佛是在青楼畅谈尽欢后,一位倌人与三位恩客驻足留影。此时,那三位扮男士的名妓在镜头前实现了角色的互换,从平日里小心翼翼看人脸色的勾栏女人,变成了气定神闲、颐指气使的消遣客,内心一定畅快非常。

更有趣的是,照片中的翁梅倩和蓝桥别墅,似有易装癖好,在她俩与王宝宝、潘凤春合拍的照片中,竟然扮作两对情侣,镜头前并肩而立且十指相扣,引起了多少坊间话题。①

虚构故事

乔迁之喜

雅琴坐在客厅的沙发上,欣赏着才从相馆里拿回的照片。镶在漂亮镜框里的她侧卧在美人榻上,一袭白衫,一手支头,一手拈绢,神情雅致安祥,四下群花环绕,那景象就同刚进堂子时做过的梦一样。

蓦然间,有人把门敲得山响,有人直着嗓子叫她的名字,还有人发出吃吃的笑声。吴妈赶紧把门打开,一阵粉脂香气飘过,倩卿、湘云、文月就站到了面前。

---

① (美)叶凯蒂:《上海·爱》,第69页。

图11 美人榻上的名妓,明信片。上海。1900年左右。

"倩卿,侬还是格个德行!"雅琴起身说道。只见倩卿身着熟罗接衫、铁线纱半臂镶鞋套裤,手执全牙扇,口叼吕宋烟,一副男子打扮,眼睛四下里打量。

"乔迁之喜,可贺,可贺!"倩卿带头,另两位也学着她拱手抱拳相贺。

房子是正泰新近买来给雅琴的。这几位是小时候在苏州"悦来坊"习艺学技的发小,若不喊上她们光顾新居,怕要被她们的唾沫淹死。

几位仔细打量这中式厅堂,果然别具风流,花样新颖。单说一副木雕屏风就着实吸引人:做工极精,非雕镂即镶嵌,刻画的花梨、银杏、黄杨、紫檀层层精致。屏上远处林木葱郁,花繁叶茂,近处亭台楼阁之上,几人或坐或立,有作托腮沉思状,有作踱步吟咏状,屋檐门楣处隐约可见"秋爽斋"的小匾额。

"此乃大观园'海棠社'饮茶斗诗之景也。"湘云仿着京腔说道。自打识字起,她便对《红楼梦》入迷,尤其喜欢里面的史湘云,不仅借了她的名,还把自己住处弄得像书里一样,没事便与客人赋诗作文,两相唱和。

客厅处的帐幕和窗幔,非藻绘即绮绣,看得文月十分仔细。"这是湖绉,这是官纱,这是宁绸,这是杭线。"她一处处用手轻轻捻过,口里喃喃数落,把色色鲜明、样样精致的织物辨得一清二白。"好啦,好啦,勿要发痴嘎。"倩卿拍了文月一下。

至于厅中陈列的中式家具,栽种的异花奇草,悬挂的书法名画,摆设的古董雅玩,品尝的鲜果香茗,一应让客人目不暇接,啧啧称奇。雅琴见她们如此这般,心里好不受用。

众人被雅琴领着进了里间,那里面又别是一番光景:以银光纸糊壁,满眼清亮,壁上挂有西洋女子和风景画若干,被壁纸衬得越发醒目。靠西的一侧墙,一方博古架直达屋顶。南窗下的西洋条柜上,一架自鸣钟兀自在走动。地上铺的是五彩绒毯,几人踏上去,一点声响都勿出。最炫目的是房中吊的那盏水晶玻璃汽灯,被窗外斜阳映得熠熠生辉。灯下一张方桌、四把椅子摆设停当,一副牙骨麻将已经摊开。

几位来客还没从惊讶中脱出来,就被雅琴请上了座。

"这张'叠来新退勃而'(dressing table,梳妆台)应当放在睡房里厢,椅子也该用'开痕西铁欠挨'(cane chairs,藤椅)。"倩卿一番夹着洋文的指点,说得大家愣住了。

雅琴像是被人抓了把柄,有点不知所措,"是呀,我也勿懂,正泰又忙,这家具摆得是勿妥当,侬多多指教。"倩卿掩不住有点得意。

"哎呀,侬记得小辰光,'悦来坊'对面的蔡老爷屋里的摆设交关好哉,没想到今朝雅琴超过他老多咯,早已是上海城里厢大户人家小姐、太太屋里的气派了,侬还要说她做啥?"湘云觉得倩卿有点酸,忍不住打个小抱不平。

"落座,落座。"文月招呼道。

一众人刚要开始,吴妈端了一个托盘进来,上面是四盅银耳莲子羹,配的是西洋小银勺。

"这是英吉利的彩绘瓷呀,比景德镇的好太嗄。"文月一边吃,一边仔细端详着小盅下的托盘,赞赏道。她虽不识洋文,单看那盘子的器型色泽,还有盘口镀的金边,同尚德利洋行的皮特送给她的那套一样。

窗外,日光渐渐淡去,吴妈点亮了汽灯。灯光透过水晶映在银光壁纸上,像星辰闪动,灯下则亮如白昼。四个往日苏州乡下的女孩,围在桌边推起了麻将。

吴妈开门探头问道:"啥辰光吃饭,今朝订的是'松鹤楼'苏帮菜。"

"饿了就叫侬,好伐?"雅琴说着随手打出一张牌。

"和了,勿好意思。"湘云双手一推,面前的牌倒了。

一阵洗牌的声音伴着说笑声响了起来。

关于图片

照片-图11取自叶凯蒂的《上海·爱》一书①,摄于1900年前后,那是上海租界青楼鼎盛期的最后时光。书中有几十幅照片,这张的背景比较特别,全是绿色植物,不见任何其他的存在。前景的花卉,亦不是常见的水仙、兰花一类,其花色浅、数朵一簇,满枝盛开,甚是繁茂,似象征名妓繁花般富丽的物质生活,恰应了本节的景,故以此照为对象展开了故事的虚构。

故事中人物对西洋家具的称呼,是当时流行的音译叫法,中文名称是有记载的,并非随意杜撰。

进入闺秀的世界

名妓以女性形象入照,传递的又是怎样的信息?

众所周知,上海的妓女大多来自江浙一带的农村,因家境贫困而入娼门,很容易沉于纸醉金迷的生活。当时有一本叫《红楼梦》的小说,引得青楼女子如醉如痴,一心向往书里的生活,恨不能成为书中人。

---

① (美)叶凯蒂:《上海·爱》,第152页。

青楼攀附"红楼",为的是追求富贵荣华的"贵妇梦"。租界里的青楼给这些来自农村曾经贫困的女子们,提供了实现梦想的舞台。她们中的幸运儿、佼佼者真的梦想成真了。

有关名妓的奢华物质生活,在当时是小说和摄影都热衷表现的内容。由于文字的描写相较摄影,不受摄影棚空间的限制,在表现上就更从容、更具自由度,也更能表现出一种"张扬的奢华"。

下面请看《海上花列传》中一场宴请,说的是名妓屠明珠反客为主,邀她一帮老客人去她的住处赴宴:

小说写道:"蔼人乘轿至屠明珠家,吩咐轿班:'打轿回去接五少爷来。'说毕登楼。鲍二姐迎着,请去房间里坐。蔼人道:'倪就书房里坐哉。'原来屠明珠寓粉壁素帏,铁床玻镜,像水晶宫一般;左边一间,本是铺着腾客人的空房间,却点缀些琴棋书画,因此唤作书房。"

今人点评:住处极宽敞,房间分工和室内陈设俱西化。

小说写道:"当下朱蔼人往东首来,只见客堂板壁全行卸去,直通后面亭子间。在亭子间里搭起一座小小戏台,檐前挂两行珠灯,台上屏帏帘幕俱系洒绣的纱罗绸缎,五光十色,不可殚述。"

今人点评:极有趣的安排,女主人专为这次宴请,打通了客厅与亭子间的墙,小小亭子间成了唱戏的舞台,宽敞的客厅成了观众的坐席,灯光幕布一应俱全。好创意,好气派!

小说写道:"又将吃大菜的桌椅移放客堂中央,仍铺着台单,上设玻罩彩花两架及刀叉瓶壶等架子,八块洋纱手巾,都折叠出各种花朵,插在玻璃杯内。蔼人见了,赞说:'好极!'"

今人点评:原来,女主人别具匠心地把就餐地移到了客厅,这样客人就可以一边吃饭一边观戏了。需要注意的是,吃的是西餐,连餐巾折叠这样的细节都做得如此到位,令人惊叹。

特别要指出的是,名妓女主人所做的一切,引得见多识广的男性客人由衷夸赞。客人的反应正是女主人期望达到的效果。在这里,双方心理上的位置发生了调换,恩客从过去是财富上的被人羡慕者,转变为对昔日施舍对象时髦富丽生活的赞叹。

小说写道:"随到左边书房,望见对过厢房内屠明珠正在窗下梳头,相隔远,只点点头,算是招呼。鲍二姐奉上烟茶。屠明珠买的四五个讨人俱来应酬,还有那毛儿戏一班孩子亦来陪坐。"

今人点评:这个细节很值得玩味。在传统的男女交往上,女人是难登大雅之堂的,即使与客人见面,也断不可相隔老远点头示意,这是失礼之举。屠明珠这样做,是要摆出女主人的范儿。除了接受西方礼仪外,财富上的富足也是她追求待客平等的底气之一。这帮男性客人心平气和地接受了名妓的"失礼",说明在他们眼中,女主人已不是昔日勾栏里卖笑的女子,而是颇具西洋社交风度的都市名媛了。

还有一个细节不能忽视,屠明珠招待客人的人中,有"毛儿戏一班孩子",她们在演出前帮着"收拾伺候"。所谓"毛儿戏"是指尚未成年女伶演出的京剧。

小说写道:"(在等待客人到来之前)先是十六色外洋所产水果、干果、糖食暨牛奶点心,装着高脚玻璃盆子,排列桌上。戏场乐人收拾伺候,等黎篆鸿一到开台。"①

今人点评:餐前小吃从水果到点心,一色来自外洋。

上面这段小说极详尽描绘了一场盛宴的准备情景,即使在今天的人们看来,那场宴请的奢华也是令人咋舌的。不仅如此,它还传递了更多的信息:

一是吃的是地道西餐,就连水果、小吃都是进口洋货;欣赏的却是国粹京剧,成了中西合璧生活方式的一个缩影,这只有上海租界里的名妓才有眼力、有能力、有财力办到。

二是名妓确是在西风东进的历史进程中,起到重要作用的一群。名妓的寓所成了当时国人领略西方生活方式的试验场之一,是西风东进的一扇小窗,但却意义非凡,让社会中有钱且有地位的一群,成为西洋风的沐浴者和实践者;名妓也于不知觉间成了新风的引领者。

三是西化的物质享受,传统的精神享受,是当时租界里华人上流社会的缩影,也说明在传统文化渊源深厚的中国,精神的西化不仅滞后于物质的西化,也很难完全达到。

---

① (清)韩邦庆:《海上花列传》,第19回。

不过，文字的短处是通过阅读者的想象来再现场景，缺少直观的写实性。上面的这段描写，让人在惊叹之余，不禁将信将疑：这是王公贵族的府邸，还是巨商大贾的豪宅？毕竟顶级名妓的生活离平常百姓实在太远，似乎很难将二者联系起来。摄影术正好弥补了文字描写的不足，以人景相融的写真手法，直接再现名妓的物质生活，可信度自然高出许多。

摄影棚并非名妓的真住处，有着空间有限、视野狭窄、进深不足的局限。为此，摄影师寻出一条小中见大的路子，在方寸之间营造出一种"低调的奢华"。

19世纪中叶以后的大多数时间，名妓照片里展现的物质环境，其奢华度由三个方面决定：

一是人物部分，由华美的服装、昂贵的首饰、新式的发型和精致的妆容构成，装扮新潮是其追求的核心。这一点很容易解决，因为名妓总是时尚达人。

二是背景环境部分，由家具、帷幔、花卉，以及精心挑选的小物件等构成，强调物品的象征意义。家具的用材、款式及做工，象征着使用者的高雅和富有；厚重阔大的帷幔，常常从画面的顶端垂下，让人对其背后的空间产生联想，象征照中人居所的高敞轩亮；小物件、小摆设也透着以小搏大的心思——水烟袋、瓷质茶碗与花瓶、羽扇、绢帕等，经常组团出现在画面中，展示画里人家的日常生活，象征着一种令人倾慕的生活方式。这往往是摄影师和名妓共同完成的。

第三,要让照片成为一个窗口,窥一眼而联想出名妓富贵生活"全豹"来,自然离不开摄影师,离不开其对摄影术的理解,以及对被拍摄对象的了解程度。单从技术上讲,灯光的运用至关重要,有关这一点,耀华影楼的德裔老板施德之就曾在报纸上专门刊文,阐说在拍摄时如何用光。①

图 12 是一幅将上述三者完美结合的照片②,有助于理解何为"低调奢华"。

乍看之下这张照片实在寻常。

照中的名妓面容秀丽,气质娴静,窈窕的躯体侧卧于美人榻上。身后是空无一物的单调粉墙,没有层次繁复的华丽布景,不见丝质或呢质的阔大帷幔,除了那张美人榻外,没有其他做工精良的中西式家具或摆件,甚至连一盆花草也没有。

然而,请注意摄影师的用光。照片中几处高光点透出的信息,恰与画面呈现的朴素格调相反。

先看衣物:在摄影棚灯光照射下,人物微微拱起的膝盖和上衣下沿处,深色衣物上出现了明显反光,表明服装面料是反光性高的丝织品,非绸即缎,且织造细密平实。人物侧卧姿势使身体形成多处弯曲,一般面料极易产生褶皱。细观照中人,却无明显褶皱出现,可见面料质地上乘,非普通人家女子所有。

---

① (美)叶凯蒂:《上海·爱》,第 91 页。
② 同上,第 54 页

图 12 美人榻上的名妓。约摄于1900年。

次看卧榻:法式美人靠,西洋风格。卧榻的所有折角处,皆有耀目的光斑映出,初看扎眼,细究便可体会到一种油润、细腻、柔软的皮质感。特别是在坐垫下沿,需仔细打量才看到的一排亮点,间隔齐整,细若星辰,这是炮钉,固定皮革用的。其清晰可辨的明亮反光,透露出它的黄铜质地,显出材质的精良与做工的考究。

再看地面:地板上满铺的是羊毛地毯,光照下显出织物的厚度和美观的花纹图案。

观察结果:身着华服的秀美名妓、法式风情的皮质榻具、雅致厚重的羊毛地毯,加上摄影师对光影的精妙运用,使人的气质与物的气息交汇融通,在直观的朴素下,隐藏着不动声色的高贵与奢华。名妓小照中所表现的物质境界,不在于陈列铺排华贵之物的多寡,而在于将人、物、技三者搭配得恰如其分,尤其是将灯光运用得恰到好处,于是乎,在看似寻常的画面里,自然就散发出令人陶醉的华美之气来。

在那个时代华服美馔的贵妇梦,对于身处青楼的女人来说,最终都将归于"南柯一梦"。

《海上花列传》的作者韩邦庆,当年一眼就看穿这花海盛景之下的虚无,在书的开篇写道:

"这海本来没有什么水,只有无数花朵,连枝带叶,漂在海面上。""那花虽然枝叶扶疏,却都是没有根蒂的,花底下即是海水,被海水冲激起来,那花也只得随波逐流,听其所止。"①

天下哪有不散的欢宴,无根的富贵过后,注定是漂泊。一旦名妓人老珠黄,或是恩客见异思迁,一切就会折返原点。因此,她们想到了摄影。照相馆可以帮她们营构出一个富贵的梦境,将自己变身为大家闺秀般的梦中人,更叫人放心的是,这一切都被牢牢定格在相纸上,不会随梦碎而逝去。

待到梦醒时分去端详和回味,这些照片对于曾经的照中人,会是何等的荣耀与满足。

---

① (清)韩邦庆:《海上花列传》,第1回。

虚构故事

情系武生

小妹的真名叫巧珠,从扬州乡下来。几年了,上海话还说勿灵光,不比苏州来的,一口吴侬软语,比本地话还让人受用。人又长得矮壮,眉眼欠妩媚,乡下没人在意,堂子里就不大讨人欢喜,常为此受闷气。不过堂子里的姨娘和大姐,倒不敢小瞧她,因为她有一位大名鼎鼎的姨妈:蓝桥别墅。

半月前,堂子里来了位客人,巧珠接了他。那人说得一口京片子,讲起戏文来滔滔不绝,什么《恶虎村》、《骆马湖》、《连环套》,把里面的黄天霸说得神乎其神。原来他是个京剧票友,擅长武生,难怪举手投足间,有股子干练豪爽气,让巧珠痴迷了好一阵子。十来天过去,心里还记着那人说的话:"可惜小妹女儿身,若是男子,当是个武生的料。"

人家不过戏言,她倒当了真,想请姨妈帮她。姨妈所以有名,是她喜欢易装拍照,穿着男装,扮过文人、商人、公子哥儿;穿着戏装,扮过不少戏里的角儿。还总在照片上题"蓝桥别墅"四字,时间一长,这名头盖过了她的本名,租界地头上有名的相馆没有不巴结她的。

是日,风和日丽,福州路口驶来一辆维多利亚马车。宽大车厢里面对面坐着巧珠和姨妈。车座下有弹簧,胶皮轮胎,跑起来轻快舒适。马夫是个精壮汉子,身穿灰色绉纱短袄,头戴黑边草帽,把个鞭子甩出十八种花样来,引得路人纷纷驻足。

"我想拍张唱戏照片,帮帮我好伐。"巧珠冷不丁冒出一句。

"做啥?"蓝桥别墅不解道。

马车一阵风驶过,不一会儿就把四海升平茶楼、一品香番菜馆、阆苑球厅和印书馆抛在身后,转上了麦家圈。

巧珠欲言又止。见她这样,蓝桥别墅有点不耐烦,转过头去,望着路边的大片草坪。白云蓝天之下,茵茵绿草很是悦目。

巧珠憋了好一会,还是把自己因为相貌原因在堂子里不受待见的事说了,又把那客人的话学了一回。

"我要是个有武艺的男人,啥人敢瞧勿起?"

蓝桥别墅闻言不禁莞尔:"做倌人,勿要杠头杠脑同人赌气嗄。"

她心里明白,这外甥女不适合干这行,只是耐不住她姆妈央求,介绍她进了这家堂子。再做几年,有点钱了就让她回去嫁人。

前面是静安寺路,两旁尽是西人宅邸,样式新派,颜色醒目,可她还是觉得不如扬州城里盐商的宅院阔气。

"你当我真勿晓得轻重?"巧珠一脸认真。

蓝桥别墅这才仔细端详起巧珠来,那身段,那眉眼,甚至那

图 13 着戏装的上海名妓"小妹"。

气度,确有几分男人相,不像自己穿了男装,再怎么看也脱不了女人的轮廓。前几天,她心里不爽,就去耀华相馆拍了张戏装照,扮了个道姑,倒也看得过去。

"好仔,待我有空陪侬去趟耀华。"

马车不觉驶进南京路,速度明显慢了许多。路边的店铺鳞次栉比,行人摩肩擦踵。

蓝桥别墅一时兴起,凭着自己的一知半解,给巧珠讲起京剧里的武生来,从戏目、行头、扮相到兵器,说得巧珠目不转睛,全忘了街上的风景。

"拍照辰光,亮相交关要紧仔,精神头从那里厢来。"她说出了自己的心得。

言语间,马车跑过望平街,往南折进棋盘街,再向东就是外滩了。蓝桥别墅晓得,凭巧珠这般模样和能耐,几时能坐马车溜上这一大圈?巧珠也明白,若不是今朝这般轻松闲适,姨妈整日价送往迎来,断不会搭理她的不情之请。

远处海关钟楼已遥遥在望,近处但见黄埔内波平如镜,帆樯林立,戈登铜像耸立江边,再往前行,迎面兀立着一座石塔纪念碑。不过,巧珠此刻心中已屏蔽了周遭的一切,满眼都是一个头戴硬罗帽,身着短打装,手执利剑,脚蹬皂靴,跨腿而立的青年武士。那张眉宇间透出英气的面孔,乃巧珠小妹是也。

海关的钟声响了,悠远绵长。

关于图片

引发这个故事灵感的照片-图 13,来自美国学者叶凯蒂的专著《上海·爱》一书。[①]故事里的小妹和蓝桥别墅实有其人,不过并无亲戚关系。把蓝桥别墅请到故事里,实在是因为她在当时风靡青楼的易装摄影潮中,是个曝光率超高的人,成书于 1913 年的《海上惊鸿影》一书,收有多幅她的易装照。

故事里人物坐马车逛街的路线,看似随意,其实绝非信马由缰,确是 19 世纪末 20 世纪初上海旅游的黄金线路,见诸当时各种《旅游指南》,集中了租界景观的精华。[②]文中马车走街的顺序,按其时《旅游指南》的推荐展开,所涉路名、景致和特色,亦与当年相合。

进入戏剧的世界

青楼同戏楼,像两座毗邻的屋宇;倌人与伶人,若鸡犬相闻的邻居;卖笑和卖艺,吃的是同一碗青春饭。

社会地位的相近,生活际遇的相似,让两个"院落"的人常常意气相通、惺惺相惜,故而"张生跳墙"事件时有发生,平添了

---

① (美)叶凯蒂:《上海·爱》,第 149 页。
② 同上,第 74-76 页。

几许风月气息。当时的小报和小说对此多有反映,成就了市井间的一个不衰话题。

不过,接下来考量的不是戏子与名妓间风花雪月的情事,而是想弄清楚穿戏装对于欢场女子,究竟意味着什么?

众所周知,普通服装只有面料、款式、做工优劣之分,穿上后也只须关注是否合体,是否新潮,是否抬衬人。

戏装就没有这么简单。

戏装是有特定文化内涵的载体,原因在于它是某个戏剧中某个人物的所用之物,一个戏剧角色若成为经典留存于世,戏服便成为这个角色的特定符号,浓缩了戏中人的全部信息——善或恶,正或邪,顺或逆,兴或衰,凡此种种都会投射和固化到戏装上。演员以外的人穿戴戏装,当然不排除一时兴起率性为之,但对于勾栏中人而言,多数情况下则是经过思考和挑选的,大抵与人当时的境遇、心情有关。选择什么角色的戏服,实际上是通过角色来反衬自己的社会定位,同时镜像地影射自己的人生,观照自己的内心。

无怪乎有人说,戏剧即人生。对于名妓来说,穿戏装又何尝不是在寄托人生?

青楼名妓戏装照的模板,大多来自京剧角色,这与京剧当时在上海的影响有关。清同治六年(1867年)京戏传入上海不久,风头便盖过评弹等其他剧种,是电影诞生前最受欢迎的艺术样式,各种经典剧目和戏剧人物深入人心。青楼名妓在租界不受衙门规定限制,作为女性可以公开出入戏院,把那里当成向公众展示自己的舞台。加上京戏剧目繁多,名角辈出,且场面热闹,十分吸引名妓的光临,久而久之,许多戏剧形象便烂熟于心,剧中角色成为她们拍照模仿的首选,是很自然的事。

手边有四个名妓穿戏装的片段(一段小说文字和三张照片),好像一出大戏中的四段折子,将它们串联起来,恰巧勾勒出青楼人生的大致轨迹。

第一出:《梦》(扮相:公主装)

初入青楼的女子,年届及笄,豆蔻风华,正是有梦年纪,戏装就成了她们追梦的依托。特别是那些有姿色、有才艺、受人追捧的倌人,因整日周旋于达官贵人、商贾文士之间,更易诱发出她们对未来的野心,这时,穿戏装就成为一种含蓄表达内心欲望的方式。

且看金凤这位年轻的名妓。这日,恩客子富上门接她外出:

金凤先已停当,过来等候。子富见他穿着银红小袖袄,蜜绿散脚裤,外面罩一件宝蓝缎心天青缎滚满身洒绣的马甲;并梳着两角丫髻,垂着两股流苏,宛然是《四郎探母》这一出戏内的耶律公主。因向他笑道:"耐脚也勿要去缠哉,索性扮个满洲人,倒无啥。(你也不要缠脚了,干脆扮个满洲人,也没什么。)"金凤道:"故是好煞哉,只好拨来人家做大姐哉。(真是太好了,只好给人家做佣人了。)"子富道:"拨来人家末,做奶奶,做太太,阿有啥做大姐个嗄?(给了人家,做奶奶,做太太,怎么会做佣人呢?)"金凤道:"搭耐说说末,无清头哉。(就和你随便说说,哪来那么多话。)"[①]

这是小说《海上花列传》中的一个场景,子富提到的耶律公主是京剧《四郎探母》中的一位辽国公主。这个片段的重点,不在人物的扮相,而在由扮相引起的人物间的调侃上。

子富洞悉了金凤这身装扮的用心,他叫金凤放大脚,并不是要她成为"耶律公主",而是让她"索性扮个满洲人"。这话听上去有点莫名其妙,但金凤懂了,回答说那只能做伺候人的"大姐"。原来,她并非真想做前朝的大脚公主,而是想当今朝大户人家的小脚"奶奶"或"太太",这才是她真正的"公主梦",被子富说穿了去。

金凤借"耶律公主"的装扮传达自己的梦想,也是初入青楼女孩共有的期盼,一如欧洲贫家女儿对于那双"水晶鞋"的热望。

"年少不识愁滋味",初入青楼的她们,对未来满是美好的憧憬。

---

① (清)韩邦庆:《海上花列传》,第8回。

第二出:《争》(扮相:武士装)

这节的主人是已经熟悉的"小妹",她的再次出现,是因为那张武士戏装照片,代表了青楼人生的一个阶段。

先来仔细阅读这张照片(图 7)。人物是京剧里武生的扮相无疑,只是有三点值得一说:

首先是穿戴。照中人的穿戴介于长靠武生与短靠武生之间,头盔和厚底靴是长靠武生的标配;箭衣和短兵器又是短靠武生的行头。这套行头也许是相馆拼凑的道具,戏装的配置是否合规,看来对她并不重要,重要的是展现武士的扮相即可。

其次是妆容。对于戏服要求不高的她,对化妆似乎毫不马虎。为了说明这一点,下面把小妹的武生照和现代武生剧照做个对比:

图 14　小妹的戏装照。

图 15　现代武生剧照。

看来,武生妆容百多年来无甚变化:印堂间一样有道红印,眉毛一样浓黑及鬓,眼角一样向上吊起,嘴角一样微微下撇。

小妹的戏装照,单从面容扮相上很难看出是位青楼娇娃,她似乎想借浓墨重彩的戏妆,刻意掩饰自己的性别。

最后是题字。既然人物已通过角色和妆扮,成功隐去女儿身,为何又在照片明眼处题上"小妹"二字,点出自己的性别?

许是生性调皮,点明女儿身份有炫耀、让人惊讶的意思;或是自幼习武,喜欢刚猛强劲路数,一贯以"假小子"示人,不避"小妹"真身。还有一种可能,就是在青楼里待久了,不顺心事常八九,郁闷之气淤积于心,不敢公开表示,只好通过戏装照来浇心中的块垒。直观男儿相,题字女儿身,看似矛盾,也许正是她对压抑生活的叫板和宣泄。

磨难在身,只因年轻气盛,伊人尚有不甘。

第三出:《怨》(扮相:仕女装)

照片-图16取自网络,人物其他信息皆无。从身后丫鬟的服装看,此照拍摄时间约在民国初年前后。至于照中人的身份,那个时期只有名妓会拍戏照自娱。

当年在上海,青楼与"红楼"已结下不解之缘。"红楼"里的生活,是青楼名妓的向往,她们不仅取大观园中的人名作自己的花名,而且照着书中描写的样子布置自己的闺房,以此来吸引客人,抬高自己的品味和身价。

以"林黛玉"为花名者,确有其人,为当时花界"四大金刚"之一,借着黛玉的美貌与才情,红遍上海滩。

照片-图17场景模仿的是京剧《黛玉葬花》。这是梅兰芳先生早年经常演出的剧目之一。她的装扮与梅先生当年扮相比较如下:

图16 民初上海名妓着戏装扮林黛玉。

图17 梅兰芳扮林黛玉。

梅先生与照中人均着宽袖白裙,梅先生束腰带、挂香囊,发髻高挽,身形窈窕,风姿绰约;照中人穿白色宽裙,无腰带,身姿呆板,头戴黑帽,形若道姑,但无人怀疑她是林黛玉,画面中的三个因素规定了她的身份——丫鬟、锄、囊。

请读戏文:

林黛玉:啊,紫鹃,你可将那花帚、锄、囊备齐,我要前去葬花。

紫鹃:姑娘,花帚、锄、囊在此。

再看照片:

照片中扮黛玉者荷锄于前,锄的一端挂着花篮,一端挂着布囊;扮丫鬟者半蹲在后,手托花篮,二人似在去花塚的路上。

这家相馆值得一赞,虽然戏装不是标配,却通过巧用配角和道具揭示出人物身份。与戏文相比,道具中少了花帚,多了花篮,还在花篮里插了花朵,进一步点明葬花的主题,而紫娟手托花篮的动作,起到强调与烘托的作用。

照片中这位不知名的青楼人,从脸庞和身形看,青春已逝,不见年少时的清丽与苗条,到了一个有经历、有故事的年纪。她为何要借"非典型黛玉装"来拍这张照片?

读一读下列戏文,联系她已然走过的风尘岁月,答案隐约就在其中。

戏文:"我,林黛玉……只是寄人篱下,怎比自己家中,想起双亲好不令人伤感。"

照中人独白:人生确如落花飘飞,自幼离家堕入风尘,从此飘泊无定。

戏文:"看看三春将终,暮春天气,东风肆虐,处处飞花。这花落尘埃,委于蕃溷,好不似那红颜命薄。"

照中人独白:韶华逝去,如春尽花落,红颜命薄者,尤以欢场老去之人为甚。

戏文:"一抔净土把风流掩,莫叫漂泊似红颜。质本洁来还洁去,强如污浊陷泥团。"①

---

① 戏文皆出自:百度百科《京剧剧本〈黛玉葬花〉》

照中人独白:惜花葬花,实为怜己叹己。

她一定看过梅先生演的那出戏,且有过上述强烈的共鸣。

第四出:《遁》(扮相:道姑装)

照片-图18的主人,便是前面故事里提到的蓝桥别墅。照片最早收在《海上惊鸿影》(1913年)一书中。她与当时的名妓林黛玉、祝如椿等都有易装拍照的爱好,留下了不少单人照与合影照。戏装是常见的主题之一。

京剧中道姑形象比较出名的有《八仙过海》中的何仙姑,《玉簪记》中的陈妙常等,前者是出神仙剧,后者是爱情喜剧,似与这张照中的装扮都不一样,但是,人物所扮道姑身份是确定无疑的,手中拂尘便是证明。

道教在中国源远流长,是一种求道成仙的本土宗教,一旦得道便升入仙界,而必经之路就是远离世俗,遁世修行。

现实中,白日里名妓迎来送往,打情骂俏,好不风流快活;夜深时,不少人孤灯晓月难入眠,"故园归去已是无家异地,羁留终鲜良策,于是暂质一椽,聊蔽风雨。"[①]红尘已勘破,何处是归途? 留下还是离去,如同哈姆雷特"活着还是死去"的疑惑,时时困扰着她们。

戏装照中道姑形象包含的"遁世"意涵,其世俗意义大于宗

---

① (美)叶凯蒂:《上海·爱》,第128页。

图 18 名妓"蓝桥别墅"的道姑装扮照。摄于 1913 年前。

教意义。名妓遁世,大多数并非真想步入山门,远离尘嚣,与青灯古佛为伴,而是要避开日久生厌的青楼,为自己寻一处归宿。一位与蓝桥别墅同时的名妓汪宝珊,曾托人打听某位客人的情况,一旦中意便愿去做人家的小妾。在给友人的信中她写道:青楼生活如"火坑万丈",离开便"遂化清凉"。[①]从良是当时名妓从勾栏生活遁出的最好结局,据报载:1897年评出的十大名妓中,就有七位在次年便嫁了人。[②]

青楼的诱惑亦非常人能敌,离开那红灯绿酒、醉纸迷金的日子,去过寻常百姓的生活,会有不舍、不适与不甘。即使是顶尖名妓如林黛玉、祝如椿者,也有多次从良嫁人,复又重操旧业的经历,可见出抉择的两难。所以,有位已从良的名妓,在写给旧时姐妹的信中说:"妹从良之志决,自是绝大见识。"[③]可见,有"绝大见识"者才能真正脱污从良。

遁世,是告别青楼的出走,是找寻归途的起步。

青楼就是一座戏台,名妓们每日粉墨登场,时而如青衣长袖曼舞,时而似武生跳跃腾挪,拼的就是从跑龙套的变成名角儿。和那个时代其他女性相比,她们的经历与体验充满了戏剧性,戏装相片便是写照。然而,比起真正的戏剧名角,她们在大

---

①② (美)叶凯蒂:《上海·爱》,第129页。
③ 《游戏报》1898年18月8日2版

幕落下之后,鲜有花朵与掌声,只余下无边的落寞与寂寥。

这,便是她们的宿命。

图19 《电气灯,钢丝马车》,石版画
——梅花盦主《申江时下胜景图说》1894,1:15

当年的名妓与恩客喜欢坐马车游走于上海租界各处,公园、跑马场、外滩等处皆留下车马过市的身影。其间,相互飙车、比斗车夫装扮之类的逸闻频出,闹市俨然成为名妓们争奇斗艳、博人眼球的舞台。

这张石版画有点不同,人车置身于郊外,似乎不为招摇,只为两情相悦而远离尘嚣,走马于二人的世界。

花 讯

引子

19世纪中叶以后,租界的面貌一天天在变,老城厢的模样未被克隆,西方都市的格局成了模板——多条交通干道形同主脉,纵横交错的里弄好似支脉与毛细血管,旧日濒海小城渐显现代都市的身形与气度。

里弄深处住进一群特别的女人。初时,除去时有男客登门造访外,与一般人家无异;后来,这类人家多了起来,渐渐打出勾栏的幌子;再后来,那些里弄就成了烟花柳巷的代名词,上了各种版本的《城市指南》。

且听当年著名竹枝词人袁祖志的介绍:"兆富、兆贵、兆荣、兆华皆里名。此外日秋、久安、同庆、尚仁、百花、桂馨各里,悉系上等勾栏……"①打头的四条里弄,"富""贵""荣""华"一个不少,皆由"兆"字统领,里弄名真成了日后生意兴隆的吉兆。

娼业在租界的兴起纯属偶然。当时清政府在其辖地实行娼禁,连海淫海盗的戏剧都在禁演之列。②但作为法外之地的租界当局,对娼业的态度与对其他行业并无不同,只要服从管理,照章纳税即可;加上太平天国战乱骤起,小刀会起义又至,一时间上海成了烽火连天地。这时,安然无恙的租界,吸引了老城厢和周边地区大量人口涌入,流莺暗娼为避衙门之禁和战乱之祸,亦随人流进了租界。她们仿佛鱼儿从苟延残喘的浅塘,意外游进了水草丰美的大湖,为不负这方水土,惊魂甫定之后,便登堂入室做起了自己的营生。

试想,每晚那些里弄的煌煌灯火处,车马盈街,丝竹灌耳,众多欢场女子或立于门前,或迎于阶下,莺声燕语此起彼伏,花枝招摇目不暇接,是何等地热闹。其时,租界里并无舞厅、咖啡馆一类的夜生活去处,自然是风景这边独好。

到了20世纪初叶的鼎盛时期,公共租界共有华人女性87,894人,妓女即有10,986人,八九者中有其一;其中,高级妓女多达两三千之众。③租界日渐旺盛的经济活力,除了来自外滩

---

① (美)叶凯蒂《上海·爱》,第104页
② 见《点石斋画报金集(2)·禁扮淫戏》题记:"京剧中有《翠屏山》一出,事本《水浒》,描摹奸淫情状惟妙惟肖,梨园中常常演之。官县以其伤风败俗曾出示严禁。"
③ 乐正著:《上海人的社交实质和消费性格》。

的商贸行、银行、钱庄,及棋盘街与南京路的商铺外,来自里弄深处那些"人家"的税贡亦是不可小觑。

难怪小说《海上花列传》的开篇,作者即以"浩森苍茫、无边无际",来形容"一大片"的"花海"盛景。

小说问世不久,还没来得及品尝人们对作者的赞誉,韩邦庆便英年早逝。

十五年后的辛亥年,一个全新的时代开启了。

晚清年间曾在租界独领风骚的青楼文化,于改朝换代的历史更迭中,在西方文化的冲击下日见颓败,昔日的绚烂犹如灯火,从一个个窗口熄灭,喧闹了数十年的青楼,终于门前落花凋零、人去楼空。取而代之的是舞厅、影院、剧场、咖啡馆、书店、公园、游乐场,那些次第亮起的娱乐休闲之灯,渐渐连成一片,照亮了那座城市的夜空。

如若韩邦庆能延寿20年,这时一定会看到另一片"花海"的蓬勃盛开。

那便是画家们在月份牌上描绘出的花朵。

虽然是在同一地块上破土而出,因年代和对象的不同,两处花海予人的印象迥然相异:一处根植于青楼文化的土壤里,美则美矣,却让人观之感伤,嗅之抑郁;另一处则萌芽于都市女性的小康文化中,基调喜乐,色彩明快,令人悦目赏心。

两处"花海"间的距离,就是那座城市走过的路程。

虚构故事

花榜初放

伯祥坐在烟榻上,接过阿金递来的毛巾,胡乱擦了两把,依旧一脸疲惫。

宝珠早把水烟袋装好点上,就手凑到他嘴边,吹了吹手上的纸捻,放在了烟丝上。伯祥深深吸了一口,那水烟袋咕咕响了几下,烟锅忽悠一亮,就见他把烟吞了进去,生生憋住片刻,才悠悠吐出来,人跟着就躺下了。

"累得脱了层皮,到底忙定了没有?"宝珠把伯祥的腿放平,轻轻地敲捏。半晌,伯祥才睁开眼盯着她望,一副欲言又止的模样。

阿金在一旁大桌上沏好伯祥喜欢的碧螺春,宝珠见状急忙抽出手,起身端茶。

"吃茶?"伯祥摆了摆手。宝珠把茶放在几上,拧小了灯头,又在伯祥身边坐下。

"没有想到,一清早报馆的弄堂里全是人。"原来,今天是伯祥的《娱乐新报》放花榜、出特刊的日子。状元、探花、榜眼的照片都印在上面。选花榜搞了几年,今年最热闹,不仅上海本地的花票比往年多了七成不止,外埠的票也涨了近两成,北京、广州都有。

"一万份哪,吓煞人啦,一个上午精精光。"

"前三名是啥人?有我伐?"

伯祥不去理她,自顾自往下说:"下午跟耀华相馆的施老板讲,要加印五千张照片,配上报纸歇几日再发。"

宝珠见伯祥不理她,心想希望不大,便不再问了。伯祥见她悻悻的样子,索性坐了起来,单手端起茶盏,用食指勾开盏盖,吹了两下便一气饮个精光。

"阿金啊,给袁老爷续茶。"

说话间,宝珠觉得伯祥隐含笑意的目光一直盯着自己。

待阿金走开,伯祥从兜里掏出一份报纸,捻亮灯芯,在几上摊了开来。

"侬看看,今年的状元是啥人?认得不?"他用手指连连戳着报纸,语气里透着得意,还有几份怜爱。

宝珠定眼一看,不禁喜上眉梢。报上贴的那张照片,就是三个月前自己亲手送去报馆的。

照片下赫然印道:状元——丽品周宝珠。芍药。风华独展,馨逸自成。

"状元是我?是我!"宝珠猛地站了起来,把伯祥吓了一跳。

三个月前,伯祥在宝珠的堂子里摆了个局,同人商量今秋花选的事,说要推举新面孔,年纪十七八最好。宝珠陪伺在侧,并未往心里去,一如平常划拳、代酒、唱曲。伯祥的朋友都是文

图 20 手持男士羽扇的名妓,上海。摄于 1870—1880 年代。

人,那晚酒令行的是诗语令,伯祥酒喝高了答不出,宝珠便脱口顶上,赢得满堂彩。散局后伯祥留在宝珠那里过夜,酒一醒便叫她参加今年的花选。

"知道吧,如今上花榜只有面孔勿灵光仔。今朝席上我都看到,侬格气韵才艺样样好哉!"

宝珠心里没准备,倒不怎么起劲。伯祥举了好些例子,说选上的倌人,身价都翻了好几番,要想从良嫁人,还能找个好人家。宝珠这才动了心。

第二天,伯祥在宝珠去耀华相馆拍照片时,特地叮嘱水仙、兰花之类不宜入照,要选芍药、海棠一类,原因他没细说。宝珠听了他的话,和相馆施老板商量,移走了兰花,搬来了芍药。

"侬讲巧伐,为啥这次同状元配对的花品是芍药?"宝珠想起伯祥当初的提议,指着报纸问道。

"人有人话,花有花语。水仙、兰花都是傲气孤芳,啥人欢喜?芍药、海棠花大色亮,富丽和气,天生讨人欢喜!"

宝珠有点明白了,想再问下去,阿金进来了。

"'一品香'叫的菜来了,啥辰光上?"

宝珠被阿金扫了兴头,刚想发作,伯祥从榻上拉着宝珠的手站起身来。

"就摆上吧,今朝有喜事,开瓶绍兴老酒,我同你家先生好好吃几杯。"随后又补上一句:"去叫宝珠妈也来。"

阿金一边应道,一边点亮了桌上枝形烛台上五根大洋烛,屋里一下亮如白昼。

挂在墙上套了琴衣的琵琶,条案上的雕花座钟,还有窗前的那盆吊兰,全都从黑暗里现出形来。

墙角边穿衣镜映出了明晃晃的烛台,还有烛光里几位姨娘大姐忙碌的身影。

关于图片

选用照片-图20做故事的引子,是因为两点:

一是名妓当年的照片中,大多以兰花水仙来装点环境、陪衬人物,这张相片中摆的似是芍药或茶花之类,不多见;

二是此照人物穿的裙子前面垂下的饰带,是至迟到1880年代晚期的流行时尚,与故事叙述的年代相去不远。[①]

当然,照中人姣好的容貌也是一个原因,因为这是一个关于选美的故事;至于照中人的姓氏及其他,已无从可考。

故事中放花榜那日卖出一万多份报纸,在当时是一个难以置信的天文数字。真实的情景发生在1898年9月底,报纸的真名叫《游戏报》,其时十分著名,是花界选美的重要推手。[②]受技术限制,中榜名妓的像不能直接印在报纸上,而是印成照片后

---

① (美)叶凯蒂:《上海·爱》,第39页
② 见《游戏报》1898年10月1日,1版。

贴到报纸上的。

故事里伯祥邀之对酌的"先生",指的是宝珠,这是当时对名妓的尊称。"宝珠妈"亦不是指宝珠的母亲,而是那家妓院的老鸨。

说花事

自古谓女人如花,尤以青楼靓女如云,所以,那个地方别称花界。

花界里自然花事迭出纷呈。

客人邀名妓作陪吃饭叫吃"花酒"。每个倌人陪一客人,她们不仅穿红戴绿,环佩叮当,席间还弹奏丝竹,吟唱小曲;若客人酒力不逮,她们挺身而出,划拳斗酒,不让须眉;若是场面沉闷,她们插科打诨,左右奉迎,把个酒席弄得莺飞燕啼,花枝乱颤,让客人如坠花丛一般。

此外,推介本地名妓的书刊曰"花志",名妓去世后的集中安葬之地称"花塚"。总之,在这个世界里,既有花放枝头的风情万种,亦有落花流水的无可奈何。

当然,这地界上最盛大的花事,莫过于选"花榜"。

选花榜用今天的话说就是选美,对象是青楼里的倌人。在那个年代,租界外的女性是不准涉足公共场所的。风气开放的租界里,虽然名妓可以上剧院听戏,进饭馆就餐,赴马场赌马,驾长车兜风,入公园闲逛,但在普通百姓看来,她们只是掠过的一道丽影,拂过的一阵香风,依旧影影绰绰,看不分明。

选美就是把那些亦真亦幻的美女奇女,放上一个用灯光聚焦的台子,任人欣赏评判,对于普通大众来说,是桩何等新奇快意的事情。

1868年有个名叫"刚斋主人"的人,发起并主持评选了花榜,这是租界里最早的花选之一。至20世纪初叶,这项活动几乎年年举办。1880—1883年、1888年、1889年都分"春""夏""秋"三季发花榜,可见其受欢迎的程度;1897年有30位名妓进了二甲,107位进了三甲,亦可见出参选者之踊跃。①

下面发生的事件,使选花榜有了与时俱进的改变。

《点石斋画报》刊载了一幅《日人赛美》的石版画,画中有一段题记,说的是租界里日本人举办的选美活动:

"前年美国有赛美会,一时环肥燕瘦尽列,品评论者谓:此会极盛,难继矣! 不谓日本犹有举行者。闻其开赛之法,令国中妇女如有秀色可餐顾影自怜者,各印玉照送至会中。"

题记起首讲了事由和参赛人的国别(日本"国中妇女"),以及参赛方式(送"玉照"至"会中")。

——————

① (美)叶凯蒂:《上海! 爱》,第234、237页。

接下来的记述格外值得重视,涉及到了选美文化现代性的两个重要标志:现代审美意识和公众参与意识。

一是选美标准。

中国自古对女性美的评判,受到文人士大夫阶层的喜好影响,体态以柔弱为美,因此杨柳作为与之对应的象征物,频频出现在诗歌与戏文之中。

"娴静以娇花照水,行动如弱柳扶风。"

"隔户杨柳弱袅袅,恰似十五女儿腰。"

"携佳人兮步迟迟,腰肢袅娜似弱柳。"

古代仕女画中人物"弱柳扶风"的体态,正是画家对诗人笔端文字的形象诠释。

阴柔之美成为中国古代女性审美特征之一,与之相一致的还有体型瘦削、神情忧郁、举止内敛、多愁善感等等,《红楼梦》中林黛玉便是把这种审美追求引向极致的一个范本。

历史上受中国文化影响甚深的日本,在文学上和绘画中亦有女性柔美至上的传统。然而,那次《日人赛美》的题记中却写道:"与赛者共有百人,类皆圆自耀月、慧质羞花,绝无碧玉小家气象。"

推崇了千百年的"碧玉小家气象"被赛美会拒之门外,迎进门的是"圆自耀月"之美,追求女性体态的丰满健康、性格的开朗外向;"慧质羞花"则要求内外兼修,内在的才学与气质要让人过目难忘。这些要求与东方传统的审美情趣相去已远,带有西方工业革命以后的现代审美特征。特别是"类皆"一词,见出赛会组织者对报名者进行了筛选,不合其审美要求的无缘参选。

租界本是西方文化在大清国的一块"飞地",西方现代的审美观念很容易影响到同处一地的国人选花榜活动,从入选三甲者的对应花卉上即可见出一斑。某年花榜前三名的对应花卉是:芍药、海棠和杏花。这三种花卉直观上都有"圆自耀月"的风采,反映出入选者的姿容特点和评审者新的欣赏趣味。同时,原本单一的相貌评比,逐渐扩展到品行、才艺等诸多方面,甚至把评弹技艺也单列一项,试图全面发掘名妓的闪光之处。

二是评选方法。

在租界的花界选美中,相当一段时间都在沿袭晚明时期旧制,由少数文人按个人喜好选出入榜倌人,仿科举形式列出中榜三甲,再配以相应的花卉名称,借媒体加以公布,大众在这里成了看客。

再观日人赛美之法:"其玉照用架镶成,高逾数尺,悬挂壁间,拟分五等,编列号数,凡游人赴会者皆得令从壁上观,其有我见犹怜者,则按号数投签于简俟。赛毕核计各照投签人数之多寡,已分次第。"①

所有参观者都可以按照自己的喜好,在每位参赛者照片下

---

① 见《点石斋画报·金集》,第58页

方的筒中,投下写有参赛者号码的竹签,最后以得票多寡选出优胜者。

这种具有大众文化参与性特点的选举方法,被一份叫《游戏报》的小报引入花榜选美。在1897年的花选中,这份报纸利用媒体传播的优势,在活动开始前,让读者投函报社推荐人选,而非以前由几个好事文人私定。读者参投非常踊跃,不仅上海本地,还波及到外省,甚至一位在沪的美国人也参与了投票。竹枝词人袁祖志对此给了个赞:"独出心裁。"

至于花选结果,《游戏报》老板李伯元告诉读者:"凭其荐函之多寡,以定名次高下,(游戏本人)并不加评骘,示不敢居座主之席焉。"① 显示了此次选美报社和他本人只是组织者,选举的结果完全由读者投票决定。

这一次,大众不仅是观赏者,更成了直接的评判者。

选花榜对海派文化日后的发展,意义非比寻常。

第一次使女性形象公共化、娱乐化,由此延伸出后来的名媛文化,使女性成为海派文化的一张名片;

第一次与商业联手运作,青楼名妓、娱乐小报、照相馆、石版画刊、竹枝词人等,皆从选花榜中名利双收,隐约见出海派文化商业化运作模式的雏形;

第一次借鉴西方现代选美观念,中西融合,形成选花榜的

---

① 李伯元:《游戏主人告白》,《游戏报》1898年3月19日,1版。

品牌效应,且延续了近半个世纪,以大众参与的方式,完成了首次城市流行文化的处女实践。

自此,选花榜不再是少数文人的自娱自乐,青楼文化也不再是文人独享的专利,其中包含的诸多现代文化娱乐特质,使这一"花事"成为海派文化的重要发端之一。

解花语

人类寄情于花,不仅古已有之,而且"世界大同",许多国家都有自己的花语辞典。

由于女人与花的不解之缘,因此在青楼小照和月份牌里,也多闻花语切切,通过其独特的语汇,或述说着隐秘的心思,或宣示着品格的追求,或暗藏着生活的热情与愿望。

姑且把花语当做一门特殊的语言学,既然如此,便可从语义和语境两个方面去释词解义。

先说语义。

人在与自然的长期交往中,积淀了人与花相对固定的联系。这种联系一般发生在人的外在形态上,比如相貌、体态;也发生在内在的精神情感世界里,比如性格、品德、情操。

正是这样的联系,使花卉具有了人类赋予它的义涵,形成了花语的人文基础。

《海上花列传》的开篇,在描绘租界青楼如水上花海的景象

后,作者的笔触如同镜头,从全景推到了特写,对准了生活在青楼里的名妓们:

"惟夭如桃,称如李,富贵如牡丹,犹能砥柱中流,为群芳吐气;至于菊之秀逸,梅之孤高,兰之空山自芳,莲之出水不染,那里禁得起一些委屈,早已沉沦汨没于其间。"

人们在这里读到的是一长串花名,但丝毫不妨碍理解,作者这里指的是青楼里的两类名妓。前者以桃、李、牡丹比,指那些外貌靓丽、名声显赫的顶尖名妓,她们作为青楼中的宠儿,俨然成为"砥柱中流,为群芳吐气"的一群;后者以菊、梅、兰、莲喻,这是一群姿色出众,性格孤傲,对品行节操有底线的名倌人,惟其如此,她们才会命运多舛。

上面的判断,是读者基于对花品的认知,大抵与作者的原意相去不会太远。

青楼小照的照中人,是在摄影棚中而非自然中与花卉发生联系的,因此就有了对花品选择的机会。选与不选、选什么样的花品,都可透射出人物的内心。

这是理解人与花关系的一条通幽曲径。

这张单人单花照片-图21,人物身边高几上放着一盆盛开的水仙,与人物简洁素雅的装扮搭配相宜。

名妓们照相时比较偏爱选择水仙、兰花、菊花、梅花。值得注意的是,多数情况下,这些花卉都是单一品种出现在画面中,

图 21　水仙与名妓。照片,年代不详。　　图 22　花窗前的名妓。照片,年代不详。

基本不与其他同季花卉混合使用。

这类花卉包含了哪些意涵?

以花形达意:水仙、兰花——长茎、单叶,花放于修长的茎干之上,予人以孤傲之感;

以花季达意:秋菊、腊梅——盛开在秋冬时节,凌霜傲雪,显铮铮骨气;

以花色达意:水仙、兰花、秋菊、腊梅——色纯、淡雅,以白色浅黄为主,喻纯洁之意;

以花香达意:水仙、兰花、秋菊、腊梅——暗香低回、清雅幽远,传不俗气质。

予花分类即是予人分类。名妓们喜欢这类花卉绝非偶然,她们把花当成了自己意识投射或移情的对象——以花自勉,以花立志,以花言情是也。同时,细察那些花卉,她们借花表达的情绪与对现实的感受正好相反:高洁之花御青楼之浊气,挺拔之花抗环境之压抑。这样,原本应作为道具来装点环境、陪衬人物的花卉,因为暗藏花语而传递出照中人的心声,变身为画面中的一个角色。

不是有花就一定有花语,请阅读照片-图22。

依旧是单人照,照中人立于花窗前。画面中共有七处花草,几乎占满人物周遭的空间:脚下四盆,身后左右各一盆,手中还握有折花一枝。画面中花草随意放置,品种亦无讲究,作为信息源的照片,其释放出的花信杂乱无章,使人难以把握与人物的对应关系,使观者失去了捕捉清晰花语的依据。一如置身闹市,若耳边人声嘈杂,闻者定然不知所云。

花卉在这张照片中,回归了它原本的功能,成为纯粹的摆设物件。在布置场景的人看来,似乎花草摆放得越多,越能烘托人物和美化画面,殊不知,照中人却失去了一次用花语暗渡心曲的机会。

青楼小照中的花语,反映了自然人与自然花卉的联系,在画面中更多以暗喻来表达个人的诉求。

月份牌中的人与花,则生成于画家的笔端,其意涵主要来自策划与出资的商业公司。花卉在画中与人物并不发生暗喻的关系，而是与人物一起明喻一种社会生活方式——中产阶级的小康生活。

细数月份牌中出现的花卉，万紫千红，难以备述，但出现最多的是牡丹、芍药、月季、桃花、茶花、广玉兰等，它们是月份牌花语中的同义词，有着相同或相近的意涵。

第一，这类花卉大多花型较大，呈盛开状态，是花季中最好的时光，寓意"美好"；

第二，这类花卉的色彩基调多为红色，寓意"红红火火"；

第三，这类花卉多选自木本，身形较草本高大舒展，且花朵密集繁多，寓意"气象盛大"和"繁花似锦"。

月份牌虽然传自西方，但面对的是国人，其中花语所包含的意涵，与中国传统年画"花开富贵"的主题一脉相承，以花团锦簇的画面，唤起人们对丰饶与富足的联想，激发起对富裕生活的追求。依这样的逻辑延伸，自然让人得出这样的结论：现实中的这种生活，由一件件商品堆砌而成，普通民众若要乐享其中，就需更多购买商品。

这正是商业公司委托画家制作月份牌的初衷，只是商业的意图被隐藏在了审美之中。

再说语境。

青楼小照和月份牌的语境，主要由人与花的关系构成。探究语境有助于理解图像中花语的言外之意。

图 23　杭穉英作,广告画,20 世纪 30 年代。

图 24　大昕《春色恼人》,广告画,20 世纪 30 年代。

图 25　阴丹士林广告画,年代不详。

图 26　哈德门香烟广告,年代不详。

(一) 人与花的距离

青楼小照-图27中的名妓安坐椅上,脚边是一盆兰草,几上是一盆水仙,人与花几乎触手可及;然而,比之月份牌女郎-图28手执花束,环绕颈项,如佩花环一般,二者间的距离感自然不言而喻。

除去空间距离,还有人花间的情感距离。名妓面对镜头,神情淡然,无论眼神或是肢体与花卉均无交集,虽然近在咫尺,仿佛远在天边;月份牌女郎的肢体语言,已经透露出她与花的亲密程度,同时嘴角和眉眼间流露的笑意,如花般绽放,显出与花的情投意合。为什么会出现这种情形?

众所周知,图像艺术中占据视觉中心位置的物体,通常是表现的重点。因此,距离在这里,不仅仅意味着关系的亲疏远近,还决定着表现的重点所在。

青楼小照表现的重点是人,是名妓。在那个年代,名妓拍照是作为名片或信物送给客人的,当然自身形象要占主角位置,花卉只是寄托她个人美质的媒介,也是美化环境的道具,所以人与花保持距离,并将它置于画面中心以外的地方,是在明确它的从属地位,不让其喧宾夺主。

月份牌由于是艺术创作的产物,人物与花都是表达作者意图的符号,因此在画面的比重与位置上,并无明显的主次之分,二者同属一个大的表达对象——如花一般的生活。从这一点出发,某些画幅中的人物衣着素净,怀抱的鲜花却色泽艳丽,夺人

图 27 水仙与名妓,照片,1910 年代。

图 28 《持花美女》,广告画,年代不详。

眼球,出现了"花压人"的情景,也就不难理解了。

(二)花的存在方式

照片中的花草由于是在摄影棚中,都是植于盆或插于瓶的。很少见到档次较低的陶质花器,一般都如照片-图 29 所示,花器以白瓷彩绘为主,瓷质细密、画工考究、造型精美。照片中就是方形圈口带足彩绘器,仿佛大户人家之物,给人雍容华贵的印象。不管那些花盆与花瓶,是否为影楼的标配,在旁观者看来,还是容易引发两个联想:一是如盆中花草一样,照中人也是被有钱恩客供养的一群;二是影射她们优渥华贵的生活。

在月份牌中,花草既植根于户外的土壤,也栽插于户内的盆或瓶,但最为奇特的,是人物衣裳成了它们的载体。 图 30 中,花卉印上了女郎的衣裳,两朵硕大的花由肩及腰,使全身遍

图29 盆花与名妓,照片(1910-1920)。

布花影。有意思的是,女郎身后是数株蔷薇,叶茂花疏,被置于中景,离人物有段距离,大概是作者有意为之,意在突出印在人物白底旗袍上的大朵花卉,将人物与花在视觉上幻为一体。

花卉在月份牌中的分量,明显大过青楼小照,几乎替代了女性的其他饰品,成了与女郎的孤配、绝配——头戴,替代了簪子和发饰;绕颈,替代了项链;胸佩,替代了胸针;手持,替代了手袋;腰缠,替代了腰带,一时间"娇躯无处不飞花"。加上画家采用了散点透视的技法,造成背景的花与前景的人一样清晰,就有了人花合一的视觉效果。

探花径

众多不同的画家,分属不同的画室,受托于不同的商业公司,却在月份牌花品的选择和色彩的运用上,具有高度的一致。

难道这是巧合?

图 30　金梅生,《娇艳如花》,广告画。20 世纪 30 年代。

为了解答这个问题，需要追朔花卉在月份牌中走过的路径。

月份牌随洋货自19世纪末进入上海后，在本土化的进程中，出现过一个突变：把模特从西洋美女变为中国女性；还出现过一个渐变：花卉的角色从可有可无到举足轻重。这个渐变的过程从20世纪初开始，持续了近30年。

这一进程，大致可分为下列四个阶段。时间的划分并不严格，只是为了方便叙述而已。实际上不同的画家、同一画家的不同作品，多有在时间上的交叉重叠。

第一阶段："芳草萋萋鹦鹉洲"(1905-1915)

月份牌画-图31制作于1914年，是一则英美烟草总公司的广告。画面中见不到任何花卉的踪影，只有人物脚下的绿草，近处低矮的灌木，远处红墙内如冠的大树。这一时期画面的风物表达，背景元素里是没有花卉的，至多"芳草萋萋"（唐·崔颢）而已。即使偶尔在绿树中见到隐约的花色，也实在是点缀。花草在背景中似有若无，表明它不具独立存在的价值。

早期月份牌中的这一特点，明显受到中国传统山水画的影响。在宋元山水的风景表现上，景观大多高阔深远，山高水长是主角，林木或繁或简是配角，而花卉则不在山水画的范畴，属花鸟画。如果出现在山水画中，便是犯了低级的越界错误，难免让人哂笑。

所以，早期月份牌画的风景中难觅花卉，是很自然的事情。

图 31 周慕桥作,英美烟草公司广告,1914 年。

第二阶段:"丝丝杨柳风,点点梨花雨"(1915-1925)

这一时期,花卉渐渐成为了主要的背景元素,是因为月份牌画的表现的视角改变了,山水意境渐淡,人文气氛渐浓。

图32中,背景是一派湖光山色,一叶小舟野渡自横。学生模样的女子依身树前,但见两树高矮错落,枝头红黄两色繁花盛放,刚抽芽的新叶无法与之争春。这一回,花儿着实争了口气,从过去若隐若现的娇羞,变成了无处不在的张扬,居身于画面背景的中心,繁盛如"丝丝杨柳风,点点梨花雨"(明·刘庭信),将远处的山峦与绿洲都遮挡起来,迥异于突出山水的传统表现方式,满树繁花成了人物身后的主背景。

月份牌所表现的场景,也从庭院伸展进闺房。图33中,女子手扶椅背站在桌前,窗台上和书桌上各有一盆花,已有了花与人形影不离的端倪。

地位虽有提升,但花卉的作用仍局限在背景要素的范围里,画家弱化对花卉细部的表现,便是一个明证。

人物是主角,花朵是陪衬,也许创作者就是这样定位的。

第三阶段:"人面桃花相映红"(1925-1935)

这幅举例的月份牌画-图34,一位女子斜靠在圆形藤桌上,十分专注地往瓶中插花。花朵不再隐于人物身后,也不再以朦胧面目示人,花型、花蕊、花瓣,包括花瓶上凸起的花纹,都清楚可辨,反映出花卉已经是一个被工笔细写的对象,在画面中的表现力明显增强。

图 32 郑曼陀,《清溪艳影》,上海华成烟草公司广告,年代不详。

图 33 周柏生作,南洋兄弟烟草公司广告,1920 年。

图 34 胡伯翔,《情情》,哈德门香烟广告,20 世纪 20 年代。

有趣的是构图,瓶中花与人平起平坐,人物肩佩的花与瓶插的花交相辉映,象征着花卉已从原先的环境构成元素,逐渐演变成与画中人比肩的角色,存在着自己独立的象征意义,有了"人面桃花相映红"(唐·崔护)的意趣。

第四阶段:"花与人俱好"(1935—1945)

这一时期可谓花人合一。在月份牌中,花卉无处不在。图35中,女子身穿旗袍坐于花前,身后是盛开的菊花,花型大而饱满,花色红白相间。女子身上的旗袍,淡雅的浅色底子上,印满白色的花卉图案,加上她脸上洋溢的如花微笑,整个画面透着"花与人俱好"(宋·胡铨)的氛围。

花卉在画中被赋予了社会学的含义,与人物一道成为一种如花般生活的象征。

花卉从最初连背景元素都算不上,到成为一般的背景因素,再到与人物平起平坐,进而与人物融为一体,逐渐完成了由自然物向生活象征物的转变。

这一路径与上海同期经济社会发展的轨迹相吻合。

上海近代由租界始,随着社会经济的发展,逐渐形成一个新兴的中产阶级。1920至1930年代,以职员阶层为代表的中产阶级,有了长足的发展,人数达29—32万之多,而相近时期的工人阶层,也只有36万人左右。①

图 35 杭穉英作,啤酒广告画,20 世纪 30 年代。

这个相对稳定且不断壮大的群体,是月份牌主要诉诸的对象,也是上海物质消费的最大群体,更是月份牌中展示的如花生活的实践者和体现者。

正是在这一时段,花卉在月份牌中的地位得到明显提升。

30年代中期,一般职员的收入是普通工人的8倍,高级职员更达29倍之多。② 这为中产阶级多彩多姿的物质文化生活,提供了经济上的保证。

丰富多彩的生活场景,以女性为主角频繁出现在月份牌上:她们有的立在针式唱机前欣赏音乐;有的站在电话机前接听电话;有的围坐牌桌前打麻将;有的在华丽的舞厅里跳舞。她们还参加各种体育活动,赛马、骑车、开摩托、打高尔夫球,甚至扬帆出海(图36)。

月份牌上的摩登女郎成了花样年华的代言人。

展示月份牌上如花的生活,希冀已步入中产阶级的人们,接受画面所传达的生活方式,在内心形成认同感;也希望人数更多的市民阶层,将如花生活作为追求的对象,在内心里树立起生活的标杆。

---

① 江文君著:《近代上海职员生活史》,第67页。
② 江文君著:《近代上海职员生活史》,第88—90页。
(注)上海的中产阶层,以专业技术人员、管理人员、公职人员等职员阶层为主体,还包括教师、记者、律师、医师、作家等自由职业者。

图 36 金梅生,《船舷履望》,广告画,20 世纪 30 年代。

花卉主题的具体呈现,在青楼小照中是"女人如花",在月份牌画中则是"生活如花"。

相同主题的不同表达,体现了在不同年代的公共图像里,花卉具有的不同象征意涵,显示出这座城市的人们不断变化的视野与追求。

图37 《照相馆名花留影》,石版画
——《申江名胜图说》,1884,68

记录了当年名妓去照相馆拍照的情景。所配的这段文字说明,名妓照相在当年已是十分平常的事了。

"自西人有照相之法,而镜中取影亦觉活泼如生,更不必搽粉调脂细写名花倩影也。沪上照相馆多至数十家,而以三马路之苏三兴为首屈一指。凡柳巷娇娃、梨园妙选无不倩其印成小幅,贻赠所欢。"

书 香

引子

黄浦滩头,江湾里挂着外国旗帜的帆樯林立,江边货场上舶来的货品堆积如山。外滩大道,面向江流一侧,风格各异的砖石建筑鳞次栉比,数不尽的银行、钱庄、洋行、货栈身居其中。南京路上,道路两侧店铺密密匝匝;街市上空,色彩斑斓、造型不一的店招广告遮天蔽日。在作家白先勇的童年记忆里,南京路上的"永安、先施、新新、大新,像是四座高峰隔街对峙","永安公司里一层又一层的百货商场,琳琅满目,色彩缤纷,好像都在闪闪发亮。那是个魔术般变化多端层出不穷的童话世界,就好像永安公司的'七重天',连天都有七重。"[①]

---

① 白先勇:《上海童年》,《夜上海》,经济日报出版社,2003年,265-266页

这座城市仿佛一口热力丰沛、沸腾始终的大锅,一只无形的手将其中的人流、物流、资金流搅拌勾兑,流转激荡而经年不息,于喧嚣骚动间,蒸腾出浓重的金钱气味。显然,这是一座推崇和实践着重商主义的城市。

人有多面,城亦然。

物欲横流的皮相之下,上海也有安静内省的一面,像霞飞路上的林荫道和道边书店、咖啡屋一样安闲静雅,它有着自己的文化情愫,其中透着浓郁的书香。

当它还是一座普通的江边小城时,江浙人家"耕读传家久,诗书继世长"的传统就已将它包围熏染。晚清四大著名藏书楼中的三处——常熟的瞿氏铁琴铜剑楼、杭州的丁氏八千卷楼、浙江吴兴的皕宋楼,就环绕在它的周边。

太平天国引发的动荡,使江浙城乡的民众大量涌入上海,这其中不仅有普通的农民、手工业者、小商贩和无业游民,还不乏相当数量的文人仕子、退隐官吏、塾馆先生、落第秀才。这些人成了这座城市日后书香之气的酿治者与受用人。

作为与外洋通商的口岸,自19世纪中叶始,上海假地利之便,将西方近代新闻出版业和印刷术也一并迎进门来。不久这些新的行当便落地生根,形成了一定的产业规模,使这座城市书香的生成与传播,有了厚实的商业与技术的基础。

一座城市书香的品味、浓度和传播范围,通常取决于两个方面:书籍的出版能力与水准(包括杂志、报纸),读者群的规模与受教育水平。

民国时期的上海,作为书香源头的报社和出版社集中在福州路一带,因着它们的存在,上海成了"一个集中了中国最大多数报纸和出版社的城市"①。

其中佼佼者莫过于商务印书馆。这家印书馆麾下办有当时影响甚大的九种杂志:《东方杂志》、《教育杂志》、《学生杂志》、《少年杂志》、《妇女杂志》、《英文杂志》、《英语周刊》、《小说月报》和《农学杂志》,内容涉及时政、教育、妇女、文学、外语、农学等,给人以多门学科"群贤毕至"的印象,读者则是男女兼顾,"少长咸集"。最让人称道的是,这家书馆先后编撰了两套堪称系统工程的"文库":"东方文库"(1923—1924) 和"万有文库"(1929—1934)。前者共有 120 册,后者容量更为巨大,内容更加广泛,除"国学"部分 400 册外,"西学"部分包括"世界名著"250 册译著、"自然科学"200 册、"现代问题"50 册,涵盖了社会、科技和文学的诸多方面,其规模超过了法国启蒙学派的百科全书,甚合其号称的"万有"之名,是一项令人叹为观止的文化基础工程。

再来看教育,这是培养书香品味者的重要途径。

1912 年至 1949 年间,上海的高等院校数量,均明显高于民国首都南京和满清旧都北平。其中,国立大学 4 所,皆为后者的

---

① 李欧梵:《上海摩登》,第 51 页。

一倍;私立大学7所,占全国的28%;私立专科学校9所,更是占到全国的39%,且专修音乐、美术、新闻、体育等科,不仅数量最多,门类也最全。* 高等教育是建立在普通教育之上的,由此推断这座城市的国民教育程度,在当时的中国自当首屈一指。

在这里,金钱的气息融合着纸张油墨的味道,书香氤氲的气象建立在雄厚的物质基础之上,成为这座城市又一个令人不可思议之处。

这种奇妙结合,被同时代的青楼小照和月份牌画无意间记录下来。特别是后者,用图像真实地留下了当时出版界的时代特征,即旧学与新学共生,中学与西学并存。同时,还创造了月份牌女郎中的一个类型:书女。她们是淑女中独特的一群,引人之处不在华美的服装、靓丽的姿色和窈窕的体态,而在于她们处处书不离手的习惯,以及由此而生的知性之美。

虚构故事

梦里书香

午后的里弄好安静。深秋的阳光从前面房脊上滑进屋来,亮得有点晃眼。月仙挪了挪椅子,坐到了阴暗处。

---

* 详见本节附表。

图 38 《月仙小影》,照片。1920 年代。

手上这本《泪珠缘》①,她看了些日子,男女之情虽不及《红楼梦》写得高妙,却比堂子里每天上演的戏码要好上许多。

月仙好读书,客人都知道。尚民也欣赏这一点,教她写诗作词,还说若写得好,就拿去他报馆发表。

昨夜,两台局早早散了,尚民没来,月仙久睡无眠,便起身坐到桌前。

大约是尚民的缘故,月仙的书桌摆设与众不同,一色的英伦文具。一架西洋台灯,乳白玻璃罩透出一团柔光,一沓西式信笺和信封躲在暗影里,枣红色的封蜡在灯下甚是醒目,一旁的开纸刀据讲是用鹿蹄做的。她拿起抽屉里的点眼药器,在墨水瓶里吸了几下,停了停,再旋开手边的自来水笔套,将吸管中的

---

① 《泪珠缘》,清末言情小说,作者系天生我虚(陈栩)。

洋墨水小心打进笔管里。

那一刻,月仙脑子里仿佛生出一只手来,生生去抓那些飘忽不定、若明若暗的字和词,再斟酌着把它们串在一起,一遍遍仿佛老牛反刍,倒也从容不迫。一切停当了,才取过一张信笺……

此时,月仙翻出了夹在书里的诗稿,一色钢笔小楷,娟秀得很:

天穹凉如水,宿酒映残妆。清秋共月色,剪烛相思长。

首句是从"天阶夜色凉如水"化来,末句想到了"何当共剪西窗烛"。尚民说了,熟读唐诗三百首,不会作诗也会诌。

思绪一变,记起与尚民小酌时,两人"飞花"①斗酒的情景。

那日,小院春意正浓,一树梨花下,桌一张、酒一壶,青花小盏两盏。清风之下落英缤纷。

月仙示意尚民起首,尚民抬头望着满树梨花,沉思片刻,随口吟道:

"花开堪折直须折。"

这是飞花酒令中不易的一种,不仅所吟诗句中要有"花"字,且"花"字随诗句推移,其位置也相应变动,第一句"花"在首

---

① "飞花令":旧时酒令之一种。

字,第二句便要在次字。答不出或错了顺序都得罚酒。

话音刚落,月仙即应道:"落花人独立。"

不容月仙稍歇,尚民脱口而出:"感时花溅泪。"

月仙有点迟疑,略加思考,尚民已拿过她的酒杯,准备斟酒。

"日出江花红胜火。"话音未尽,尚民脸上已露失望之色。

尚民仍把月仙的酒杯攥在手里。"重来不怕花堪折",步步紧逼,不让月仙喘气。

这回月仙从尚民的诗里得到了答案。

"东风次第有花开。"

原来,这两句出自南唐人冯延巳的同一首诗,只是尚民一句在后,月仙接的一句在前。这下尚民领教了她的功力,拱手道:"月仙才学深不可测。承让,承让。"然后,躬身将空酒杯放回到月仙的面前。

月仙出身官宦之家,从小进家塾,习得文字,背过不少唐诗宋词,实在是不怵尚民。只是因为庶出,丧父后便随母飘零,最后入了行,改名月仙。

初来上海时,她对锦衣玉食的富足日子,沉迷过一阵。日子久了,便没了感觉,倒是对尚民这样的新式文人心生仰慕。尚民在英吉利留过学,见多识广,国学功底又好。他家里开明,妹妹也送去英吉利,学一门叫生物的科目。

月仙看过他妹妹寄回的照片:一身外国拖地长裙,紧身束腰短装,软边蕾丝帽,鬓角还插一朵花。手里的书是硬壳的,有半张小几那么大,让她印象深刻。

小娟又在楼下跟小囡学上海话了,苏北腔调总改不掉:

一歇哭,一歇笑,两只眼睛开大炮。
一开开到城隍庙,城隍老爷哈哈笑。

月仙闻声一怔,收回了思绪,径直走到窗前扯一嗓子,楼下旋即没了声息

复坐,已没了读书的兴致,尚民妹妹的样子老在眼前晃。突然莫名怨怼起父亲来,若不是从小让她识字,就没有眼前的这般苦恼,像秀林、秀宝那样多好。

她咬起了指甲,不知何时起,一烦就会这样。

起身,踱步,无意瞥见墙上的照片。

那是去年在宝华号拍的:自己一身中装,坐在藤椅上,跷着二郎腿,读一本线装《大学》。这就是她心目中大家闺秀的模样。照片里的陈设是她和影楼老板一道布置的,文气又雅致,是她钟意的书房样式。

蓦的,她觉得那张照片过时了。何不照着尚民妹妹的样子,去拍张洋学生照,上面定要题上"月仙小影"四字。还是到宝华号,洋服和洋书,让尚民去准备。不过,不知道外国有无"飞花令",若是拍了洋装照,尚民要与她斗外国诗,她只有认罚的份

了。

想到这里,心情好多了,重新坐下,拿过手边的书。日头偏西了些,不再那么耀眼,月仙又往书里沉了进去。

里弄外的街上,由远及近传来卖桂花糖藕的梆子声。

关于图片

照片-图38是在网络上找到的,没有注明出处。

照中人西洋装扮,不太看得出年代。不过,从穿洋装拍学生照的情形看,最早应在1920年代左右。因为女子出国求学,即始于这一时期。名媛林徽因便是1920年随父游历欧洲,四年后与梁思成结伴,赴美攻读建筑学的。

至于人物的身份,"月仙"二字似可闻到青楼的花名气息。

故事里提到的那些文具,确是英国维多利亚时期典型的书房用具,特别是用点眼药器给钢笔注墨水的方法,为当时英人所用,今已无人知晓。[1]这些文具由中国留学生或西洋商人带入欢场,赠与青楼里的"文青",是极有可能的。因为名妓总是得风气之先的一群,有文化者更是如此。

---

① 萨拉·克里斯曼:《生活在维多利亚时代》,《参考消息》2015年9月25日,第12版

青楼书梦渺

在上海青楼中,有一本书的影响大过其他任何书籍,不仅让读它的名妓们如醉如痴,还诱发起向往之心,引导她们以各种方式走进书中的情景里,费尽心思与其中心仪之人攀上关系,向书中人物借名便是其中之一。

这本书即是大名鼎鼎的《红楼梦》。一本写尽男情女意,绘尽荣华富贵,述尽世态炎凉的奇书。

名妓初入勾栏,大都要隐去带有乡土气息的本名,重起花名,此乃行规。故此,向"大观园"中人物借名的风气,在青楼里沿袭了数十个年头。

"1884年刊印的《海上群芳谱》所录得一百名妓女,有五位用了《红楼梦》里的全名,还有二十六人从《红楼梦》的人名中挑了一些字,这样加起来比例就快到三分之一了。"这之前的1873年所刊《海陬冶游附录》,之后的1892年印行的《海上青楼图记》,均有"四分之一到一半的人表明了和《红楼梦》里的人物有某种关联"。①

青楼攀附"红楼",为的是追求两个"梦":知书达理的才女梦和富贵荣华的贵妇梦。前者囿于精神,是少数人的梦;后者见

---

① (美)叶凯蒂:《上海·爱》,第141页。

于物质,是大多数人的梦。上海租界给这些来自农村的女子们,提供了实现梦想的舞台。她们中的幸运儿、佼佼者在精神和物质两方面,都梦想成真了。

上面故事的虚拟主角月仙,代表了青楼中的"文青"一族。这些人中大多数出自苏州及周边地区,那里文风醇厚,早就有人看到了这一点:"在苏州训练后来到上海的高级妓女似乎都是自立门户,识字率也比较高。"也有的因家道中落,被迫进入欢场,但未改好文的初衷。这些"文青"与客中文人交往,每每得到指点,且不时诗文唱和,故文采日见长进,所作诗文不时见诸报章,成为沪上新闻出版业的一株奇葩。

"在《上海群芳谱》所载的98名高级妓女中,据说有12个都非常精通文学。《上海青楼图记》的100位名妓中,有5位的小传中提到了她们精通文学,这里的'精通文学'意思是她们会写诗。"①

《红楼梦》也是名妓与客人之间的话题。当时有位名妓在信中对自己的恩客写道:在你归来的时候,"当安排拂席扫径,拭几焚香,以期贵客惠临。相与煮酒品茶,红楼絮语,消此长夜"②。这是一番怎样的情景:名妓设想的与恩客重逢景象,不是赴福州路的番菜馆吃大菜,或是坐马车在四马路兜风,而是期盼夜

---

① (美)叶凯蒂:《上海·爱》,第141页。
② 参见王韬:《瀛壖杂志》,第97页。

深人静之时、煮酒饮茶之间品红楼、诉衷肠。"絮语"二字包含了多少红楼寄托与绵长情意。

有关清末名妓的文才,来看个小说中的例子。《海上花列传》中有这样一段:

某日,几个文人聚会,一位叫蓬壶的向亚白推荐素有文名的妓女文君玉,说一般客人怕她恃才傲慢,都不敢见她。不久,文君玉赶来入席,只见她"仅二十许年纪,满面烟容,十分消瘦,没甚可取之处,不解蓬壶何以剧赏。"蓬壶这才告诉亚白,君玉的书房一面墙都是书箱,另一面墙上挂的,是客人为赞她诗才相送的四块挂屏。亚白闻言方知君玉文才了得。此刻,君玉才款款开腔道:"今朝新闻纸浪,勿晓得啥人有两首诗送拨我"(今天的报纸上,不知什么人写了两首诗送给我)。[①]君玉虽身在勾栏,并不妨碍她因诗名而赢得自己的粉丝。可见,追慕文才是名妓成名的手段,也是她们获得男性客人尊重与追求的不多途径之一。

摄影是一种通过创造虚拟场景来造梦的艺术,这使名妓们在吟诗作文之外,又拓出一条追逐风雅的别样路径。

故事中引用的那张照片,是通过扮演角色的方式,经由服饰、道具等的外在包装,直接将人物定位为一个留洋学生的形象,与她的真实身份大相径庭。

---

① (清)韩邦庆:《海上花列传》,第31回。

在这之前的 1860 年代到 1890 年代，摄影只能采取间接的方式，委婉表达人物的书卷气。她们的单人照中，衣着打扮是当时青楼流行的装扮，展现的是真实的倌人身份，但因一个道具的存在，提升了人物的文化内涵，抬高了她们的身价。这就是在照片中频繁出现的书籍，成为名妓们照相时争相使用的标配。

书籍与名妓为伴之风源远流长。文化修养是名妓成名的一大传统素养，也是文人雅士为自己狎妓找到的一个文雅理由。在中国文化史上，多有名妓因文才而留名青史，像唐代的薛涛，晚明的秦淮八艳等等。在名妓的职业生涯里，文学才能是她诸多应有素质中，最可以被公开炫耀的一种，常常决定着她们在业界的口碑。

摄影抓拍瞬间，所以无法直接显示人物的文才。书籍作为知识的直观符号，经过长时间的积淀，其内涵指向已十分明确，可以无言印证或暗示照片主人的学识修养。因此，书籍是名妓们拍照时乐于示人、不必遮掩的重要物件，并且在经过精心设计之后，以多种方式在照片中表现出来：

有的被名妓执卷在手，做阅览诵读状，直接展露人物的书卷气；

有的被置于敦实的书函内，似在暗示照中人学养的深厚；

有的打开摊在几面上，书页间仿佛留有阅读者的指香；

有的数本一摞，随意置于几架之上，隐约炫耀着照中人博览的习惯。

书籍在照片中成了一面镜子,折射着照中人的文化素养。当然,并非所有与书留影之人,都具斐然文采,其中难免附会风雅者,但这更反映出当时评判名妓身价的标准:才貌须得双全。

知识日积月累的熏陶,也会在名妓的身上留下印记。有的照片中,书籍就超越了单纯的道具作用,成为照中人物书卷气质的自然体现。

照片-图39摄于1890年代。给人印象深刻的不是照中人的容貌,她没有沉鱼落雁般的长相;也不是她的装扮,头饰与服装并无标新立异之处,而是那份在镜头前和一般青楼女子不同的气度。

她右手执卷,读书的方式十分老道,因为是竖版,她将书页翻开再对折,恰好一手相握,显出读书于她乃是件稔熟寻常之事。左手拿一把打开的折扇,抚于胸前,仿佛读到得意处就会轻摇纸扇,口中诵读出声。更让人诧异的是她的坐态,居然跷着二郎腿,露出一对三寸金莲。照中人所处的那个时代,女子在大庭广众之下露出小脚,是一件非常失礼的事情。她的那份从容源自何处?当然有社会进步的因素,于她个人来讲,读书的习惯和文化的熏陶,培育出她与众不同的自信,当是重要之内因。

照片上,书卷的气息盖过了礼教的迂腐。面对这张名妓小照,人们看到的是一个陶醉于阅读而不拘于礼节的女子,体会到了一种有悖于青楼气息的独特知性美感。

图39 上海名妓。照片,摄于1890年代。

市井书韵长

探寻清末民初市井里的书香,就从这张女学生的照片开始吧。

照片-图40摄于民国初年上海街头。

自从1906年2月21日慈禧太后面谕学部实兴女学始,短短一二十年间,中国女性接受教育的情况便有了很大进步,延续了千百年"女子远学堂"的状况,有了极大的改变,女学生成了那个时代一道初露的可人风景。

照片上的她们与一位中年妇女同坐在独轮车上,俏丽清爽的短发与老式的发髻、上白下黑的学生装与旧式的深色布衫、颜色各异的皮鞋与黑色圆口布鞋,对比之下相映成趣。不一样的不仅是年龄,更是一道横亘在两代女性间现代与传统的沟壑。

照片极具象征意味:现代教育就像一部手推车,将新女性们推进了一个新的时代,开启了一扇亲近书本、品味书香的知识之门。在那些年轻女生的身后,还行走着无数梳着发髻,身穿长衫,脚蹬圆口布鞋的普通女性,她们中有许多仍是目不识丁的文盲。

这正是那个时代的缩影。

图 40　独轮车上的女学生。照片,摄于 1920 年代。

沿着手推车碾压出的车辙印记,可以寻到青楼小照与月份牌在表现"书香"主题上的过渡。月份牌画-图 41 作于民国初年,画中女子立在一扇月形门前,远处可见层楼飞檐与朗阔庭院,想必是大户人家的女眷。她右手握扇,左手托腮,倚在一部玲珑博古(书)架上。架上的几处书函几处古玩,似乎在有意衬托着女子的文雅闲适。此画中书籍的作用,几乎与同时期的青楼小照无异,只是暗示人物文化素养的一个道具,是画面中诸多背景元素之一种。

随着社会的进步,特别是教育的发展,月份牌画中书籍的作用也在与时俱进,多方面反映着都市女性在追求知识的道路

图41 庭院中的女郎。广告画,年代不详。　　图42 读书女郎。广告画,年代不详。

上疾行的脚步。

(一) 闺房里的西学东进

那个时代的知识界、出版界都处在新学与旧学共存的时期,因此在读书上自然也反映着这样的"二元结构"。月份牌画便记录下这样的时代特点,演绎了一场发生在闺房里的"西学东进"。

月份牌画-图42创作于民国早期 (约1910—1920年间),刘海和头发下沿卷曲的发式,以及短而宽大的衣服,都是那个时期知识女子的典型装束,与同期青楼小照中的名妓穿戴亦有相似之处。然而,引人注意的不是人物形象,知识的"二元结构"

是通过人物肘下的两本书籍表现出来的:女郎正在阅读的是本竖排版的古旧书,压在书下的却是一本红色硬壳精装书,极可能是外文原版或新近译作。一旧一新,一中一洋,同时成为阅读的对象,形象地表现出当时知识女性学贯中西的素养和能力。

图 43 的成画时间在上一幅之后,衣饰穿戴都是 1920 年代以后的流行款式,已有了浓厚的民国味。发式中分,妆容精致,一对具有西洋风情的吊坠垂于耳畔,小巧的坤表戴在腕间。服装较上一幅画中的女郎,又有了一些变化,袖子短了,也窄了一些,更接近于成熟时期的旗袍样式。这是一个具有典型民国风的海派女郎,让人感到时尚而不古板。可是,在她身后桌上的花瓶旁,摆放的却是两函十册线装古籍。在这里,新与旧、中与西的"二元结构",是通过画中的书籍与人物对比呈现出来的。这

图 43 谢之光作,广告画,年代不详。

样的结构似乎告诉人们,女郎体现的是当时知识女性的一种状态:中式的精神世界,西式的外表装束。

接下来的月份牌画–图44,其"二元结构"在一个更为开阔的视野中,通过环境与人的关系得以展现。

画中是一间很摩登的书房,白色护墙板和地板踢脚线与青色墙壁的搭配,是典型的西式风格,墙上的镜框挂画、桌上带罩台灯、书架上的电风扇,无不透出主人对西洋生活方式的喜爱。那套西洋款的藤编书桌、座椅和书架,在别致间显出书房的功能。

画中有两点值得注意:

一是书架的上层排列的是新式图书,下层摆放的则是线装书函,与书桌上的那套旧版书遥相呼应。这间旧学与新学并存,传统与现代知识兼有的书房,恰是当时整个知识界的象征。

二是侧身桌前的女子,颔首托腮,似乎在酝酿写点什么。在西洋氛围浓厚的书房里,她右手握的竟是一管毛笔,让人看了不免诧异。细细想来,房中的古旧书籍已表明,人物是一位具有国学功底的女子。这个细节折射出那个时代知识分子既能阅读洋文,又能手书"八行"的特点。* 当年也确有一批既有国学根底,又懂西洋文化的知识女性,名作家张爱玲、建筑师兼作家林徽因即是其中的佼佼者。

---

*　旧时信笺纸为竖排八行,俗称"八行书"。

图 44 郑曼陀作,中国南洋兄弟烟草有限公司广告画,年代不详。

(二) 养颜更养心

古来女子不惜费尽心思,通过衣饰妆容来追求美丽,进入民国后的上海女性更是如此。

这座城市自身的富庶与洋气,熏陶出了以"摩登女郎"为代表的都市新女性。她们目光追随欧美,且又不拘泥西方,在发式、服装、首饰、妆容等方面,发挥着无穷的想象力,掀起了一波又一波的时尚浪潮,影响波及全国。但这远不是都市新女性内涵的全部。

月份牌画-图45,展示了上海新女性的完整形象。年近中年的她,身穿单色旗袍,围着薄巾,姿态优雅地托腮坐在梳妆凳上,梳妆后凝神沉思。背后是白色的梳妆台和圆形的梳妆镜,窗外可见院落里数丛横斜的树影。

让人印象深刻的不在这里,而是摆在条形梳妆台上的物品:一溜排的书籍横贯人物身后,几乎占满了整个条几,顶边上才有两小瓶香水。

梳妆台上的书籍似乎放错了地方,其实非也。书本和脂粉,正是两件中产阶级女性的生活必须品,它们各司其职:脂粉主外,负责妆容上的美;书籍主内,修炼内在素养与气质。

为这幅月份牌画佐证的是,民国时期的上海女性为了"悦容",每年花掉大量的金钱,仅1934年的上半年,上海进口的化妆品价值就高达八十五万元。另一方面,专供女性"悦心"的书籍杂志,不仅种类繁多,销量亦很可观。张爱玲在《谈女人》一文中就惊叹道:"一九三零年间的女学生人手一册《玲珑》杂志。"这本对年轻女性影响甚大的杂志,不仅教人外表如何时尚,还强调内外兼修。交际名媛胡玉兰所写的《真正的摩登女子》发表在《玲珑》的第一百期上。文章指出,"女子打扮时髦、会讲洋话、会跳交际舞并不算得真正摩登",接着她列出了"摩登女"四个方面的标准,首要的便是"有相当学问(不一定要进过大学,但至少有中学程度,对于各种学科有相当了解)"[①]。

图 45 阴丹士林色布广告,年代不详。

"对于各种学科有相当了解"并非容易的事,唯通过读书学习方能实现。月份牌画就描绘了"各种学科"书籍对女性的影响。

西方社会科学启蒙书籍。自清末始,中国的知识分子对西方思想采取了"拿来主义"的态度,各类译著很多,启蒙思想的触角也伸向了闺房。月份牌画-图46中,一位年轻女子端坐桌前,面前摆的竟是严复翻译的西方启蒙经典《天演(论)》。这本书于1897年12月在天津出版的《国闻汇编》刊出,宣扬了"物竞天择,适者生存"的观点,问世后引起极大反响,"优胜劣汰"成为当时人们的口头禅。这对于激发年轻女性通过学习获取知识,以增强自己的独立性和社会竞争能力,是极有帮助的。月份牌画中的那位女子,可能就代表着一批"大家闺秀"和"小家碧玉",在《天演论》等进步思想的启蒙下,从小巷深处走出,开始了步入社会的独立人生。

现代科技专业书籍。图47中的女郎,手持两本精装书籍,书的尺寸看上去比普通书籍开本大,封底印满了外文字,应该是理工类或医科类的教科书。这个画面表明,当时已有女性接受了理科或医科的高等教育。事实也是如此,像著名物理学家吴健雄、建筑学家林徽因、医学家林巧稚等,便是在上世纪20年代前后,相继步入高等学府,走上专业道路的,画中的女郎亦是

---

① 转引自江文君:《近代上海职员生活史》,第117页。

图 46 郑曼陀作,广告画,年代不详。

图 47 金梅生作,广告画。年代不详。

其中一员。书籍养心功能的2.0版已然形成,从仅仅培养女性个人的素养,升级到了掌握报效国家与民众之技能,女性也践行起了"知识报国"的理念。

流行文学书籍。图48是一幅反映这种影响的月份牌画:伊人独坐户外矮墙之上,许是小说读到情伤处,便停下阅读,用书托住下巴,双眼迷离似已神游远方,将周遭置之身外。身后数枝桃花灼灼盛开,天空一对燕子剪翅低飞,让人不禁想到晏几道《临江仙》的诗句:"去年春恨却来时,落花人独立,微雨燕双飞。"小女子莫不是在读包天笑或周瘦鹃的"鸳鸯蝴蝶派"小说,沉浸在旖旎感伤的情节里而难以自拔,抑或触景生情,想起了自己过往的情路?

"鸳鸯蝴蝶派"小说20世纪初诞生于上海,专写才子佳人的种种哀情、艳情、惨情、苦情,深受市民阶层特别是青年女性的喜爱,画中女子大约便是这类小说的铁杆粉丝。

(三)书入生活伴晨昏

1920年代以后的月份牌画,人物与书籍的关系,已不像名妓们拍青楼小照那样,书与人只是形式上的结合,是为了提高自己的身价而展示给别人看的。在下面这组画中,人们不难发现,书与人的须臾不离,成为读书人自身的莫大享受,一如明人于谦诗云:"书卷多情似故人,晨昏忧乐每相亲。"(《观书》)

白日品读图(图49)。画中女郎坐于户外长廊,艳阳之下,廊亭立柱与窈窕佳人都落下清晰的影子。女子置身自然之中,头

图 48 郑曼陀作,中国南洋兄弟烟草有限公司广告。20 世纪 20 年代。

顶白云蓝天,周身绿树繁花。她举目四望,风景赏心悦目;低头读书,开卷心旷神怡,好一副"读书不觉春已深"(唐·王贞白)的怡然与忘我。感受自然之光与知识之光的双重沐浴,是件惬意无比的事,这从她的举眸浅笑中即可见出。

小憩初醒图(图50)。画中女郎置身户外露台,近处树影绕廊柱,远处白云之下层林幽暗。她斜倚在沙发上伸着懒腰,似是午间小憩方醒。身边小书架上摆满各色精装书籍,一本红色封皮的书置于伸手可及之处,也许正是这本书伴她入梦的。真好,她把一本好书装进了午后的一段好时光里。

闺房夜读图(图51)。"夜上海,夜上海,你是个不夜城",周璇的歌声在这座城市的夜空四处飘荡。然而,在这幅画中看不见闪烁的霓虹,闻不到嘈杂的人声,安静闺房深处,身穿睡袍的女子伏于榻上,面前放着一本打开的书,正在挑灯夜读。临睡前的阅读,许是一帖抵御夜晚诱惑的安神剂,或是一柱弥漫书香的袅袅熏烟,助人在这座高度商业化、娱乐化的城市里心静入眠。

上面的三幅图画描绘了上海女性一天中的三个时段,她们皆与书本形影不离,阅读成为一部分上海女性的生活习惯。真可谓:终日书香熏染,丽人陶然其中。

(四) 母子共读乐融融

绝大多数中产阶级适合工作年龄的女性,主要角色是相夫教子的家庭主妇。上面提到的那位名媛胡玉兰,撰文论及如何

图49 广告画,年代不详。

图50 香烟广告,年代不详。

图51 杭穉英作,广告画。年代不详。

才能成为"真正的摩登女子"时,除了文化程度外,还要求善社交,会舞蹈,"能管理家政"。然而,在列举管理家政的内容时,仅提出"管仆人"、"会烹饪"、"能缝纫"三则,似乎缺了最重要的一条,即教育儿女。

下面这组月份牌画弥补了胡玉兰考虑的不周,表现了亲子的内容,尤其突出了书籍在育儿教育中的作用,显示母亲是孩子的启蒙老师,让人看到了知识女性在家庭教育中的独特作用。

图52中是一处中产阶级家庭的客厅,母亲一边坐在沙发上织毛衣,一边给一个女儿当绘画模特。两个男孩在玩积木和玩具飞机,样貌最幼的女儿站在母亲身边,打开一本书似在诵读。幼女虽在画面一侧,却因身穿大红裙子,头戴大红蝴蝶结而尤其引人注目。不知画家是否有意为之,因为红色是最能夺人眼球的色彩,客观上强调了读书在幼儿教育中的重要。比起西式幼儿教育中的游戏、绘画等活动,诵读似乎更接近于中国从幼儿"开蒙"的旧式传统。当然,从书的封面上看,孩子读的已不是《四书》、《五经》之类的旧典籍,而是新式儿童读物,大抵《格林童话》一类。

上海在20世纪20年代以后,现代化的程度呈加速提升状态,城市的硬件设施日新月异,随之而来的要求则是市民素质的同步提高。月份牌画-图53中,夏日庭院里,一位年轻的母亲站在路边,怀里抱着孩子,一起在读手中的书。看似普通的场景,因那本书的名称而不同一般——《家庭卫生秘要》。妈妈在向女儿讲授着卫生知识,也许正是环境卫生的内容,在实景中讲解,让女儿能更好地领会。

孩子在年幼时,通过书本接受的不仅仅是充满想象的童话

图52 广告画,年代不详。

图 53 杭穉英作,广告画,年代不详。

世界,也要接受与日常生活相关的科普知识,这有助于从小提高他们的文明程度。

母女共读的画面,在让人感受到温馨之外,还看到了知识传播文明的一瞬。

偌大上海的城市文明,就是在母与子的一诵一读间建立起来、传承下去的。

晚清和民国的上海本身就是一部大书,那些有了年头的照片和月份牌画,就像是这部书中的一帧帧插图,提示人们去品读上海女性走过的教育之路、知识之路和文明之路。同时,在飘逸的书香里,也一并品味着她们求知的艰辛,以及伴随始终的优雅。

图54 味莼园即为在沪上大名鼎鼎的"张园"之别称。此园于1882年为张树和购得,不及十载就建成集自然景观、戏台、茶社、弹子房等多种休闲娱乐于一身的知名公园,是沪上华人名流、青楼名妓、各色人等经常聚会玩耍的地方。这幅画描绘的就是名妓与客人在张园的弹子房娱乐的情景。

弹子房内的布置皆为西洋风格,正在打球的是一名妓,看她的身形手眼——探身台面,双目瞄准,摒心静气,右手握杆,左手支杆,正在将击未击之时,一副个中老手模样。台面上的球似乎已所剩无几。另一青楼同伴手握球杆,立在一边。看来这场球是两个青楼女人的竞争,那几位男子只是看客和买单者。

图 54 《海上快乐图:味莼园打弹子》,石板画
——沪上游戏主,《海上游戏图说》

*附录： 上海各类大专院校与全国之比例(1912－1949)

类型	全国(所)	上海(所)	%	南京(所)	%	北京(所)	%
国立大学	31	4	12.9	2	6.5	2	6.5
私立大学	25	7	28	1	0.4	3	12
国立独立学院	23	2	8.5			2	8.5
国立专科学校	20	2	10	4	20	1	5
私立独立学院	32	6	18.8	2	6.2	3	9.3
私立专科学校	23	9	39	9	39		
省立专科学校	32	4	12.5			1	0.3
小计	186	34	18.3	18	9.6	12	6.5

(注) 1.另有省立独立学院24所，因沪宁京三地均无此类学校，故未列入。

2.在三地专科学校中，上海的5所涉音乐、美术、新闻、体育等科，在全国数量最多，门类最全。

3.该组数据来自网络。

镜　像

引子

上海门户开放之后,西洋新奇之物纷纷远渡重洋,落户于这座滨海临江的小城。在东进的西风吹拂下,小城日日改变着自己的容颜。

不去说外滩上的宽阔马路、广厦洋楼,也休提南京路上琳琅满目的舶来商品,就说这青楼内外,西洋景物便随处可见。

先观勾栏户外,用木板铺就的人行步道,耸立路边的电线杆,立在里弄口的消防栓;再看勾栏屋内,客堂里的煤油汽灯、铸铁的烤火炉,墙上带框的西洋画,满屋的西式家具和用品。

洋气何止于物?吃饭上番菜馆,出行坐钢轮马车,娱乐打康乐台球,凡此种种,不一而足。

这情景在外乡人眼里,生出了多少羡慕嫉妒恨。可见,"十里洋场"的称号绝非浪得虚名。

在这林林总总的西洋景中,有一个不起眼的物件藏身其中,用光影折射出上海滩上熙熙攘攘的人与光怪陆离的景,当然,还有青楼里的琐碎寻常事,以及后来月份牌画上的旖旎风光。

这就是当时人称"洋镜"的水银玻璃镜。

在它出现之前,中国的女人只有两种观照容颜的工具,且都不尽如人意:或临水为镜,然风生水起,人影即化作涟漪;或磨铜为镜,然镜面难抵岁月侵蚀,日久便漫漶不清。唯19世纪下半叶舶来上海的水银玻璃镜,明亮清晰,照人纤毫毕现,故而深得女人喜爱。

当年的租界里,"一品香"番菜馆进门楼梯处的那面迎客巨镜,是最有名的镜子之一。它高逾人身,宽达三人,客人拾级而上,莫不在它的映照下仪态生动。镜内视野所及,餐馆的空间陡然增大了一倍,予人以震撼之感,成了排场和档次的象征。

镜子与名妓更有一种天然的联系,两者的亲近几乎无处不在。

名妓待客的堂屋里有"穿堂镜",类似"一品香"番菜馆的迎客镜,也在近门处的墙上挂着,尺寸一张小桌面见方,视觉上扩展了客厅的空间,加上通常装饰着华丽镜框,给人以奢华的印象。有的勾栏"穿堂镜"旁,还挂有琵琶等名妓使用的乐器,透露出此屋主人的职业特点。客人在等待名妓出场时,也可对镜整理衣装,收拾仪容。

名妓的闺房里有"着衣镜",大小与人相近,或置架立地,或饰框悬壁,以备名妓整理服装仪态之用。《海上花列传》第一回写到,某日数人结伴去某处勾栏,先后经过名妓"陆秀宝"、"陆秀林"的房间,好奇心促使他们一窥究竟,发现"一切铺设装演不相上下,也有着衣镜,也有自鸣钟,也有泥金笺对,也有彩画绢灯"。"着衣镜"应当是名妓闺房的标准配置。

名妓的梳妆台上有"化妆镜",有的镶嵌于化妆盒内,有的装有华贵的紫檀底座,曰"洋镜台",放在梳妆台上。这一玲珑小物品,除了用来画唇描眉外,还是名妓自恋倾诉的特殊对象。

名妓常去的照相馆里有"道具镜"。根据拍摄要求,在模拟书房里,镶框小镜子与水烟袋、书籍、花卉等一道,同置于高几上,成为名妓日常的用品之一;在模拟客厅处,高及人身的大镜子,在凌空垂下厚重布幔的衬托下,愈发引人注目;在模拟的闺房中,小几上放着打开的梳妆盒镜,华贵而精巧。镜子作为重要的道具,在青楼小照中亮相的机会不在花卉之下。

最后要说的虽不是镜子,也与镜子甚有关联,这就是青楼小照椭圆形镜框的展现形式,使人物看上去是在对镜留影。这一影响来自于西方肖像画的镜像装饰风格。

后来居上的月份牌画,对青楼小照的"镜子"主题,在表现内容和形式上都有继承,用画中的镜子反映苍狗白云般的世事变迁,折射人物内心的明暗冷暖,一如从前般静默无语。

虚构故事

镜中水月

自从汉林回绍兴乡下收租子,打理家产以后,已经有两个月了,中间只来过一封报平安的短信,此后便没了消息。玉卿托了两位汉林的老乡去打听,至今不见回音。

夜已深沉,窗外偶尔几声模糊声响过后,重又陷入一片寂静。玉卿在桌前沉思良久后,这会儿正俯身提笔疾书。

"笑拈汉林仁兄赐鉴。申江一别,转瞬夏去秋来,每日延伫妆楼,望断秋水,不见云鹤来归。回视空空闺帷,思当日两情相悦,对月盟誓,恍然若昨。临别之时,所欠酒局代垫各款,洋蚨五十有八。妾近日债台高筑,兼老鸨整日催索,终日惶惶。盼仁兄速临妾处,以了却相思之痛,并一解被逼索债之苦。"

搁笔之后,她长吁了一口气,草草浏览一遍,随手改了几处,便拿起一张照片端详起来。

照片上的她侧坐在一扇大镜子前。一身新衣裳是汉林去年买的,一直舍不得穿。盘在脑后的发式是汉林喜欢的,珍珠发带也是他选的,拿在手里的绢帕似还留有他的气息。拍照前,不知

图 55 镜前的名妓。明信片,上海(?),约摄于 1900 年。

如何有既能看到正脸,又能看到发髻的办法,着实愁了半天。后来才知道办法竟如此简单。

镜子此用妙哉!念头一转,她又忆起那晚的事来。

汉林是绍兴乡下殷实人家的当家长子,那年闲来无事,随几个朋友到沪上来长见识。未几便恋上这里的灯红酒绿,尤其结识玉卿后,更是乐不思蜀,除了每年回去一趟外,就定定心心在这里做了"白相人"。

玉卿后来知道,汉林在家是娶了亲的,夫人据说泼辣凶悍,汉林性情温厚,自然不是对手。久滞上海不归,恐怕这也是个原因。

依汉林的家业,断不会去赊账办局的,无奈每次回家都要报账,弄得他花起钱来缩手缩脚。欠了堂子里的铜钱,让玉卿在老鸨面前好没面子,也让汉林对家里的原配愈发不满,对性情温和的玉卿愈发依赖。玉卿自从和汉林好上以后,动过从良的念头,只是知道汉林惧内,从未向他提起过。

某日,两人白天去张园喝茶听弹词,晚上又邀了一众朋友吃花酒,席散后汉林留在了玉卿那里。入睡前,床前柜上的气灯亮得晃眼,汉林起身去捻暗灯头,一抬眼看到帐帷上有一轮圆圆的光影,是灯后骨框小圆镜的反光。他觉得有趣,便要玉卿起身来看。

玉卿瞥了一眼,心里便有了答案。她盘腿坐在床上,侧过脸斜眼看着汉林,"侬看像啥?"语气里透着娇羞。

汉林端详片刻,脱口吟道:"月上柳枝头,人约黄昏后。"

"就侬这点小聪明。"玉卿轻推了汉林一把。

未等汉林反应,她又自顾自说道:"明月一轮照我床,天意,天意,快拜!快拜!"边说边拉着汉林和自己跪在了床上。

"月老驾临,蓬荜生辉。月老在上,受小女子玉卿与郎君汉林一拜,愿有情人终成眷属。"

汉林一点准备没有,跟在玉卿后面口中胡乱应对,直到玉卿说完,方才明白过来,觉到眼前这女人的痴,不禁也柔柔动了心思,玉卿便被他伸手揽进了怀里。

……

隔壁的自鸣钟"当当"响了四下,已是寅时。玉卿仍然睡意全无,重又拿起那张照片,吟哦片刻,在照片背面写下两行蝇头小楷:

照中一人,镜中一人,映单形;
寂寞如斯,孤独如斯,迭双影。

写毕,将信与照片折好,装入信封,写上地址,放在了桌上,天明就托人捎走。本来还想在信里提一下照片的事,让他知道自己的心意,转念又罢了,不如让他慢慢去品味吧。

说不清楚,现在的心情是比先前好了,还是更糟。

窗外,月挂天边,远处的街市上隐约传来早起的人声。

关于图片

照片－图55取自《上海·爱》一书,如同故事里讲的那样是"形单影只",没有任何照中人的其他信息,故事的铺陈全凭想象。选用它,是因为人物身后的那面大镜子,与本节的主题相扣。拍摄的年代约在1900年。

自恋之窗

一般说来,名妓与镜子的关系分为两个层次:一是感性的观照;二是理性的审视。

在感性的层次上与镜子交流,名妓面对镜子常会发出自恋的声音:我漂亮吗?

这和《白雪公主》中母后的发问一模一样,也许这是天下所有女人面对镜子都会生出的疑问。

名妓身处欢场,以颜悦客,相貌是她们最大的资本,就像商家每日检视钱财一样,对镜整理妆容也是她们每日必备的功课。

照片-图56记录了名妓晨起梳妆的情景。她手执小圆镜,对镜打量自己,神情颇为专注。身旁的梳妆台上,组合式的梳妆盒上,似是一面撑开的镜子,两层抽屉次第打开,旁边的白色小梳妆盒,盖子开着,露出满当当的化妆物品,那阵势与名妓求美

图 56　梳妆的名妓。照片,约摄于1910年代。

的欲望相当,予人印象深刻。

唐代诗人刘禹锡曾在诗中描画这样一位女子:"瑕疵既不见,妍态随意生。一日四五照,自言美倾城。"每日对镜化妆可以消除脸上的"瑕疵",可以生出美丽的姿容,与镜子自然就亲近,如同诗中所言"一日四五照",心情一定是愉悦欢快的。这诗也写出了后世青楼中人与镜子的亲密关系。

名妓在面对镜子的一颦一笑间,还引出了妆容流行风格的变化。

当时,有本叫《悦容编》的书,推崇女性化妆的简洁之美,偏向精致、淡雅风格,认为这样可以衬托出美人绝世独立、空谷幽兰的气质。[1]这与唐人"却嫌脂粉污颜色"的想法一脉相承,反映了青楼当时的流行风尚。

---

[1]　转引自(美)叶凯蒂:《上海·爱》,第65页。

然而，林黛玉这位顶尖名妓，对时尚的感觉异于她的同行，觉得在租界开放的都市环境中，古典趣味已不再有吸引力，充满大胆与挑逗意味的妆容，更容易吸引目光。在公共场合，她也许反复揣摩过夷人女子的另类妆容；面对镜子，她也许比较过多种新的尝试，终于创出了标新立异的"浓眉妆"。照片-图57中的名妓，就是这种风格的追随者，她已不再"淡扫娥眉"，而是把眉毛画得形粗色浓，线条带有明显的棱角，少了女性的圆润妩媚，平添了几许粗犷与野性。

这种妆容的影响很快越出了青楼，成为一种新的时尚。这是名妓面对镜子收拾妆容的意外收获。

理性层次的对镜交流，也许就不那么轻松了。面对镜子里的自己，她们不再以审美的眼光自我欣赏，而是以审视的目光打量自己，对镜的发问可能变成了：我是谁？我快乐吗？

照片-图58，视人物所穿衣物，特别是裙前的饰带，大约摄于1880-1890年间。人物呈站姿，斜倚在高几上，身后墙的拐角处，是两扇呈45度的通高镜子，映出了她的背影，花样繁复的珍珠头饰尤其引人注目。

不论这张照片拍摄的初衷是什么，从双面镜子的折射效果来看，除了视角上的新奇感外，就是一人化身三个形象，极易让人想起李白"对影成三人"的千古绝唱。诗人在诗中借邀月共饮，来排遣内心的孤独，名妓的孤独是否也可借镜中的背影得

图57 上海名妓。照片,约摄于1910年前后。

图58 《对影成三人》。照片,约摄于1890年前后。

以排解?略显僵硬的背影,与人物正面的木然表情相映衬,在镜子的叠加效应下,孤单感似乎被成倍地放大了。

这张照片的用光实在是匠心独具,在当时的同类照片中十分少见。一般人物身后的两扇镜子,布光明亮均匀,两个背影的底色相同,这张照片中,身后镜子居然呈现出不同的背景色调,一明一暗,让人联想到青楼生活的两面性:明的一面光鲜靓丽,暗的一面阴暗压抑。更妙的是,人物的头饰细部和服饰花边,在暗色背景的镜中居然清晰可辨,从而保证了照中人与镜中人形象的一致与完整。

图 59 福聚号百货商店广告。年代不详。

最后提及的是月份牌画-图59中女子揽镜的画面。这类画属商业广告,内容自然要服从特定的商业目的。

这幅月份牌画,是一家名叫"聚富号百货商店"的广告,"本号采办呢绒绸缎绣花衣料流行物品化妆俱全"。从这样的广告词来看,这是一家专卖女性用品的商店,各种适合女性穿着的衣料、流行用品,特别是化妆品一应俱全。画中的两位俏丽女郎,妆容精致,发式摩登,衣着考究,坐在沙发上的那位手持一柄圆镜,身后那位托腮偎依于前者,一道对镜自照。笑意盈盈的表情,说明对镜中自己的形象很满意。联系到广告词,就不难明白画中女子揽镜自照的用心了:由于用了这间商店的衣料和化妆品,她们变得更美丽了,更值得自我欣赏了。

画中人揽镜自照的发问是:我的美丽从何而来?曲折含蓄地传递出这样的答案:好的商品会给女人带来美丽。

情意之窗

镜子是冰冷之物,同时也是有温度的,温度来自人的情感,来自使用它的人。

通常人与镜子的情感交流,根据照镜人的不同心理需求,会在三个层面上展开:自我倾述、寄托相思和传递情感。

把镜子作为倾述的对象,这在名妓当中并不鲜见。这是因为青楼是一个相对封闭的世界,一切关系靠金钱维系,很少有真情实感存在。堂子里的勾心斗角、争风吃醋,与恩客的爱恨情仇,容颜在时间的作用下走向衰老,人生的前景捉摸不定,这一切都会形成压力,积郁于她们的内心。古人诗曰:"青楼挂明镜,临照不胜悲"(唐·张说),便是如此。她们需要一个倾述的对象、宣泄的出口,镜子这个与之朝夕相伴的物件,因为它的物理特性,自然就担负起了这个任务。面对镜中的自己,宛若面对一个孪生的姐妹,就有了倾述的欲望,而且可以不必忌讳,喜怒哀乐皆可尽情渲泄。于是,镜子成了一扇她们通往自己内心的门窗,同时也成了一件自我疗伤的工具。

这类情景在晚清小说中多有描绘。

再从一张月份牌画中,看镜子是如何帮助人物寄托相思的。

图60是一张广顺洋行在1924年刊发的月份牌广告画,作者是关蕙农。

有关资料中显示,1859年时英属帕西在上海共开设有十数家洋行,其中就有"广顺洋行",该洋行在1923年曾发行过股票,是一家老牌且有实力的商企。

这幅画表现了一位女子想念爱人的场景。梳妆台前,她俯身托腮看着一张青年男子的照片。正是这张异性的照片,把人物的思念外化了。迎面圆形的大梳妆镜,映出了女子正面的影像,特别是略显忧郁的神情,还有那双含情脉脉的眼睛,让人想

图60 关蕙农作,香港广顺洋行有限公司广告,1924年。

起杜牧的诗句:"佳人失手镜初分,何日团圆再会君"。"破镜重圆"寓意的重逢愿景,在那面大圆镜上得到了形象的体现。加上镜子折射产生的双重影像,把她的思念之情也加了倍。

这样的画面应该出现在言情小说里,或者是好莱坞的爱情电影里,出现在月份牌上,似乎与广告画的初衷不相一致。

如果进一步去观察这幅画,就会发现梳妆台上的物品摆放得有点蹊跷,台灯、花瓶、化妆盒的存在并不让人感到突兀,而那瓶位置如此突出的洋酒,却似乎放错了地方。

画中女子由于思君心切,想借那瓶酒一醉解千愁。酒在这里的作用和镜子一样,进一步突出了女子的相思之情。

这样理解当然不算牵强。

然而,细究之下不难发现,在这幅画的情感语境下,还存在着另一重商业语境:这一品牌的洋酒(商标清晰醒目)正是广顺洋行意图推销的商品,把它编排进一个让人感怀的故事情境里,其用心之巧令人称道。

这才是这幅广告画的真实意图。

当然,这是与镜子无关的题外话了。

最后,说个发生在青楼里的故事,看镜子是如何在人与人之间传递信息的。

百多年前,有个叫赵朴斋的年轻人从乡下来到上海,那年他17岁。安顿停当,便同娘舅去了"聚秀堂"。在那里,他见到一个长着"一张雪白的圆面孔,五官端正,七窍玲珑,最可爱的是一点朱唇时时含笑,一双俏眼处处生情"的倌人,赵朴斋先是目不暇接,进而目不转睛,最后目瞪口呆起来。就连娘舅同别人讲话,他也"好不耐烦,自别转头,细细的打量"那倌人,一刻也没有歇着。

是的,一个刚从闭塞守旧的农村走进"聚秀堂"的大男孩,除了这般反应,还能有啥?

朴斋的失态,全被那倌人看在了眼里。她的反应有点出人意料,并没对他的"出神"给出直接回应,而是"笑了一笑,慢慢走到靠壁大洋镜前,左右端详,掠掠鬓脚"。

"笑了一笑",表示我知道你为何失态;

"慢慢"走向大洋镜前,显得自然从容,仿佛不是刻意为某人这样做;

"左右端详,掠掠鬓脚",对镜貌似打理妆容,实则是让对方从不同的角度端详自己。因为与客人初遇,借助镜子示媚,反应就不显得直露唐突,卖弄风情的分寸,也就拿捏得恰到好处。

果然,那个男孩收到了信息——"朴斋忘其所以,眼光也跟了过去"。

这是小说《海上花列传》第一回中的一个片段。

可见,在勾栏里,镜子不仅是名妓理妆的工具,也是与客人沟通交流的媒介,肢体语言可以通过镜子的折射,极自然地呈现出来、传递出去,比起面对面的直接,更有种难于言说的微妙,使镜里镜外弥漫出一种暧昧的气氛。

暧昧,是青楼里几种特有的气氛之一。

光影之窗

镜子与摄影、绘画都是运用光与影,来显现物体的形象,不过,镜子显现的是活动和变化的物像,摄影与绘画显现的物像,

图 61 上海名妓。照片,约摄于 1900 年代。

则是凝固的、被定格的。

虽然同为光与影的产物,它们在同工之中还有着异曲之妙。

照片-图 61 摄于 1900 年,离上海名妓最早接触摄影,已过去将近半个世纪。让人感叹的不光是岁月的流逝,更是人物在摄影镜头前的表现。

早期的照片上,人物面对镜头,神情木然,肢体拘谨,眼睛不敢直视镜头。这张照片上的名妓,侧对镜头,头部微微扬起,脸上带着浅浅笑意,神情怡然,肩背不再僵硬直挺,显得自然放松,整个人恬淡而优雅。背景也不像早先那样繁杂,拍摄主体也不再是人物的全身,突出了对面部的表现,有了特写的味道,椭圆形的外框看起来更像是镜中的倩影。

最值得一提的是，这也许是她第一次看到自己的侧影：饱满的天庭，细长的眼角，小巧的鼻子，薄薄的嘴唇，略显方形的腮帮，还有头上做工精致、纹饰繁复的头饰，都一目了然。这一切，在镜子里是无法见到的，必是一种全新的体验，让她感到新奇和满足。

椭圆形的照片外框仿佛一面镜子，让人看了觉得影像不是定格在相纸上，而是留在了明镜中。

似镜非镜，亦幻亦真，镜子与摄影的奇妙结合，在这张照片中得到了完美的体现。

作为公共女性图像的后来者月份牌画，与镜子也有千丝万缕的联系，不仅反映在对镜子具象的描绘上，在艺术表现的形式上，也运用了镜像式的表达。

著名画家胡伯翔为中国实业烟草公司所作的《美人对》月份牌画（图62），采用的就是镜像表现的方法。两张形似对联的画上，是一位一模一样的女郎，她身穿丝绸印花毛领长袍，两手交叉置于颈下，一只宝石戒指戴在中指上，一朵粉色绒花插在头上。所有的不同就是角度正好相反，在视觉上加深了观赏者对画中女郎的印象。镜像叠加的效果，符合信息不断重复的传播学原理。

那时没有现代计算机技术，两张画幅中的人物，细究之下还是有细微差异的，一处是人物的嘴唇颜色略有差别，还有就

图62 胡伯翔,《美人对》,中国实业烟草公司广告,年代不详。

是衣袍上的褶皱与花卉图案,亦存在微小的不同,由此可见,画家在运用镜像手法创作时,是花了功夫的。

当时,这幅画还有其他不同版本,有的将人物镶以镜框,有的则置以花窗纹饰框定人物,但都没有这幅《美人对》影响大。

镜子本为寻常物,它出现在了早期的公共女性图像中,成为一个能映射过去时光的物件,这便让人对它有了探究和把玩的兴趣。

图63 《上海曲院之现象：承欢侍宴无闲暇》，石版画——《图画日报》NO:249,1910。

这个画面就是文中提到的"一品香"番菜馆的门厅。从此图看，那面镜子果然阔大，宽与楼梯相当，至少三人并排之距，高则逾人，加上前垂西式吊灯，下置雕花台座，旁设花枝繁茂盆景，其富丽堂皇之阵势，着实让人震撼。

乐　歌①

引子

音乐是一个城市文化中最华彩的部分。

自欧洲文艺复兴以来,世界上每一个成熟大都市的上空,都会飘荡着属于自己的旋律,从维也纳、华沙,到柏林、纽约、布宜诺斯艾利斯……

倘若走进清末到民国的上海地头,驻足聆听,又会听到怎样的乐音?

最早进入耳际的,是一种时而高亢激越、时而婉转低回的戏剧音乐,夹杂着板鼓的清亮和锣鼓的嘈杂,间或还有韵味十足的念白,以及轰然而起的喝彩。这是从私人宅邸、同乡会馆和

---

① 清末学堂有"乐歌"课目。随着学堂改名为学校,乐歌亦更名为音乐。

同业公所里传出"唱堂会"的声音,那乐声多半来自一种叫作"京剧"的国粹。

1867年,有位叫罗逸卿的英籍华人,在公共租界开设了"满庭芳"戏园,开了邀京班入沪进行商演的先河。从此,戏剧走出高墙,与普通民众有了亲密接触。"其后的十年间,先后至少有三十余家新戏院开张,其中大多数为京班戏园"。当时的《竹枝词》写道:"大小戏园开满路,笙歌夜夜似元宵。"至光绪中叶的鼎盛期,这些戏园"上灯时候,车马纷来",演出时分"万头攒动,蚁拥蜂喧"。①

民众对戏曲音乐的欣赏,便是从那些戏园开始的。

1868年,在苏州河与黄浦江交界处的一处浅滩,英人建起上海第一座公园,英文名为"Public",意为"公共花园",上海人习惯称作"外摆渡公园"。四年之后,园中草坪上建起了一座木结构的音乐亭,安装了六盏煤气灯,除冬季外,每周至少有一个晚上,那里会响起西洋古典音乐的旋律。②

国人接受西洋古典音乐的启蒙,最初就是从公园的露天音乐会获得的。

短短几年间,京剧就与交响乐邂逅在上海滩。它们当时彼

---

① 王敏、魏兵兵、江文君、邵健:《近代上海城市公共空间(1843—1949)》,第96、97页。

② 王敏、魏兵兵、江文君、邵健:《近代上海城市公共空间(1843—1949)》,第12、14页。

此并无交集,恰如"东边日出西边雨"的自然现象,让不同的受众各自乐享其中。

1895年,遥远的大洋彼岸,美国人巴迪·伯登(Buddy Bolden)组建了他的爵士乐队,这一年被认为是爵士乐诞生的年份。时隔20年,这种适合于伴舞的旋律,就在上海租界的舞厅里响起,且很快风靡一时。于是,在互不搭调的中国戏曲和西方古典音乐之间,又加进了新颖时尚的现代爵士乐。

上海天空中飘荡的乐音,如同这座城市本身一样:五方杂处,中西合璧。正是对于外来音乐的宽容与兼收并蓄,孕育出了属于这座城市自己的旋律。

创造它的人名叫黎锦辉,是一个热爱音乐的湖南人,1920年代来到上海。这座城市四处飘荡着中国戏曲和民间小调的音韵,又散发着各种风格不同的西洋音乐气息,让这位年轻人雄心大发,灵感频现,尝试将白话歌词、民间旋律、西洋舞曲和中西混合乐队糅合在一起,创造出了既有传统又有现代,既有民俗之土又有舶来之洋的音乐样式——流行歌曲。

且来欣赏几个经典片段:

吴莺音演唱的《岷江夜曲》:"椰林模糊月朦胧,渔火零落映江中",采用"伦巴"*(Rumba)的节奏,在时隐时现的小号声里,缥缈的渔火江天渐渐化入了虚无之中;

---

*　伦巴、爵士、摇摆均为不同的西洋舞曲风格。

姚莉演唱的《蓝色的悠思》:"晚风微寒,夜莺深藏,春去徒留凄惶;北斗依稀,残月昏黄,暮色分外苍茫",伴奏配以标准的"爵士"(Jazz)和声与连续的多种和弦,在西洋乐器的轮番分解中,层层剥开了夜的迷离与深沉;

李丽华演唱的《柔情侠骨》:"天涯远,别意浓,万端离绪恸秋风,不知何日再相逢,何妨驻马,一叙柔情",以"摇摆"(Swing)的曲风徐徐展开,将离愁别绪铺陈得一唱三叹,百转千回。

流行歌曲只能在上海这座"有容乃大"的都市里诞生——歌词是典雅的中国风,配器和音乐语汇则是西式的,结合得如此熨帖,仿佛浑然天成。

在这个混杂着多种乐音的城市里,青楼里的名妓和月份牌上的女郎,也在与音乐发生着各种联系。照片、石版画和月份牌画,记录下她们与音乐的关联。

虚构故事

箫声烛影

陆兰香是下午收到齐麟发来的局帖的,在一品香番菜馆。帖上还叮嘱要带上洞箫。本想不去,因为齐麟与占魁是拜把的兄弟。不过,前几日有人说占魁去了天津卫,这才应了下来。

福州路不长,却有数家有名的菜馆。每逢夕阳西下,灯火初上,这条街上便车来人往,喧闹嘈杂声传出里许,夜夜不见消停。

眼下,兰香独身一人,没叫上屋里的大姐跟着,登上一品香门厅的楼梯。那扇迎面大镜里映出她的模样——身背着了布衣的琵琶,手上拿了根带布套的长箫。这是她扬名欢场的两件乐器,尤其是箫,其技当下无人能及。占魁当初就是因着她的箫声恋上她的。

到了包间门口,兰香伸手去撩帘子,听到里面传出的熟悉烟嗓,怔了一怔便想扭头,不料从房里蹿出一个人来。

"侬才到呀?"那人一把拉住兰香就势一推,自己却沿着外廊去了。

兰香转眼被推进包间,还没缓过神来,齐麟便起身来迎。

包房里已坐满了人,那个她最不想见又日思夜想的人,果然也在其中。占魁倒是若无其事一般,对齐麟示意自己身边的座位,齐麟便领着兰香坐了过去。

兰香脑子里还在想刚才推她进屋的是谁,帘子突地掀开来,刚才跑出去的那人又转了回来,定眼一看,原来是仁义坊的六宝,她径直坐到齐麟边上,冲着兰香一笑。

"人齐了,上菜!"齐麟一声吆喝,外廊上旋即有人应声。

"占魁,侬再接着讲嘎。"席上有人催道。

占魁看了看身边的兰香,见她埋头不理自己,扭头喝了口茶,便又亮开那副烟嗓:"这箫古称'顺吹'或者'竖吹',到了唐宋朝才叫箫。"

听这话题,兰香心里明白,方才他们一定聊到自己。对面座上有目光似不经意瞥过,弄得她有点不自在。

"相传上古先民为教化苍生,模仿凤凰翅管凌风发声,做了洞箫。兰香,对伐?"

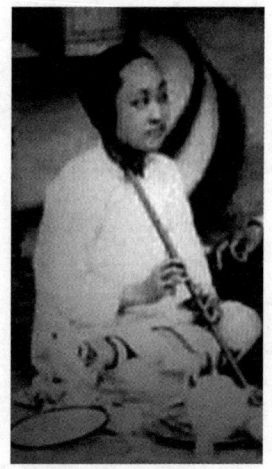

图64 握箫的名妓。照片,摄于民国初年。

占魁知道兰香从小习琴,对乐器知之甚多,想逗她开腔。不料说话间,绍兴"女儿红"和八大冷盘上了桌,一时间桌上热闹起来,有人开始行令划拳,有人与身边的倌人调笑,兰香正好免了应答的尴尬。

六宝起身坐到了旁边的椅上,怀抱琵琶,调了调弦,起首唱了支开片,又唱了一段京调《三击掌》中的抢板。这中间热菜陆续上了台,推杯换盏中,酒令与嬉笑声此起彼伏,倒是无人在意六宝的唱了。

主菜烤羊排上了桌,硕大的椭圆形盘子,白瓷金边。烤得焦黄的羊排四围是西洋绿椰菜,煞是好看。盘子两端各置一小碟调味酱汁,满屋全是西洋香料和羊肉的味道。

"齐麟,开瓶香槟仔!"占魁话音刚落,门帘就被撩起,两个伺者一个手托装高脚酒杯的托盘,一个拿着香槟和冰桶进了屋。众人正诧异间,后面跟进来不知何时出去的齐麟,这才恍然。

"'一品香'果然名不虚传,这羊排配香槟味道十分好哉!"座上有人夸赞。

"今朝盛馔、美酒配佳人,占魁兄不赋诗,岂不辜负了这美景良辰?"有人知道占魁文采了得,便提议道,引来众人纷纷附和。

占魁原为兰香仍在生气而郁闷,又不好扫了大家的兴致,便端起酒杯一饮而尽,站起身思忖片刻:"番菜争推一品香,无需出洋味先尝。弃筷改用刀与叉,香槟一杯叙衷肠。"说完拱手坐下,"见笑,见笑。"

满堂喝彩声中,他意味深长地瞥了兰香一眼。兰香虽同邻座的六宝说话,脸上也被这眼神扫得一热。当初仰慕他的才情,眼下,对他一如既往的敏捷依旧钦佩有加,情绪也就不那么抵触了。

众人敬了占魁一圈酒后,又要开始斗酒,只见齐麟站了起来,双手示意大家稍安。"今朝为啥到此相聚,不讲各位也晓得,不就是为听兰香的箫?"说完似漫不经心地将目光停在了兰香和占魁的身上,随即两手一拍,有人进来换去通亮的洋烛台,点上小烛,屋里陡然柔暗了许多。

屏风前的几上也放了支小烛,旁边的椅子是给兰香备的。

图 65　名妓赴局陪客人吃花酒奏乐的照片。广东(?)，约摄于民国初年。

"还是老规矩，占魁吟易安居士的词助兴，好伐？"齐麟说道。

兰香正要起身，头一抬碰上了占魁的目光，心里又是一热。

"香冷金猊，被翻红浪，起来慵自梳头……"占魁有意压低的烟嗓吟中带唱，在深沉委婉的箫声里，倒也不那么刺耳了。

兰香双目微闭，口唇吐气的节奏和着箫声的抑扬，纤纤细指在箫管上时起时伏，眼前蓦然浮现出那张残照——席地而坐的她，双手握箫，眉目含情地凝望身侧，而身侧只余下一只手，占魁正在抚琴的身子被她剪去了。

"惟有楼前流水，应念我，终日凝眸……"

占魁的烟嗓还在响着，兰香的箫声也在继续，两种声音似乎仍在彼此试探,尚未合为一处。

轻摇的烛影里,满座寂然。

关于图片

照片－图64得自网络,原照确为吹箫名妓与一抚琴男子合照,经笔者剪辑为单人照。视其衣饰,当为民国初年所摄。

宋人李清照有词作《凤凰台上忆吹箫·香冷金猊》,箫曲亦有同名者,故将二者一并融入故事。

福州路在清末民初是租界的一条美食街,有一枝香、海天邨、富贵春、万家春、一家春、三台阁等知名菜馆,大多经营西式番菜,生意十分兴隆,当年有石版画题赞:"风气所趋,人人好异。争吃西餐,愿尝奇味。"一品香是番菜馆中的头牌。

餐中叫局,请名妓"徵歌侑酒",亦为当时风气。名妓赴局弹唱以琵琶和二胡为主,洞箫并不常见,大约是因箫声婉转低回,不适合欢场氛围。因故事讲述需要,才让洞箫登场献艺,特此说明。

移步出深院

"曲院"原指酿酒之所,"曲"者,酒曲也。后被借来指代青楼,成了它的又一别称。究其原委已不可考,单从字面上看,似与院内女子善度曲的音乐技艺有关。在这里,"曲"者,乐也。

名妓之所以有名,相貌、品性在其次,技艺和由技艺熏陶出的气质,才是她们最与众不同的地方。

明代青楼推崇的是文才,名妓与文人在填词赋诗之间,丹青水墨之外,写就了不少才子佳人的传奇。到了晚清时节,青楼风尚已有改变,音乐技艺的高超成为名妓的必备。美国学者叶凯蒂在评论上海名妓选美活动时写道:"花选感兴趣的是名妓的音乐技艺而不是她的容貌。"有些花榜上,甚至单列出"弹词女子"的品级,来评选音乐才艺出众的名妓。[①]

下面的小说片段可让人见识到名妓的音乐风采:

"翠凤叫小阿宝拿胡琴来,却把琵琶给金凤,也不唱开片,只拣自己拿手的《荡湖船》全套和金凤合唱起来。座上众客只要听唱,那里还顾得吃酒。罗子富听得呆呆的,竟像发呆一般。"[②]

在这个场景中,有这样几个细节,体现出名妓的音乐素养:

翠凤原是准备演奏琵琶的,临时起意操起了胡琴,把原本在手的琵琶给了金凤,可见她至少会两种乐器;

表演前并未与同台的金凤沟通,即与其合唱、合奏得和谐自如,配合之默契,足见二人音乐功底;

名妓赴局表演,如果客人没有特殊要求,节目一般以"开片"起首,续以京剧或昆曲等的热门曲目。在这里,翠凤演唱的

---

① (美)叶凯蒂:《上海·爱》,第234、235页。
② (清)韩邦庆:《海上花列传》,第7回。

图66 戏班习琴女童。照片,年代不详。

《荡湖船》则是一种流传于浙江宁波的地方小调,流行地域十分有限,看来是专门迎合当晚客人的,足见其头脑的灵活善变。

通常吃花酒,名妓演唱只是助兴而已,客人并不在意。这次演唱竟然引得"座上众客只要听唱,那里还顾得吃酒。罗子富听得呆呆的,竟像发呆一般"。这实在是对名妓表演的最好褒奖。

由此见出,一个音乐素养高的名妓,首先是演奏乐器的多面手;其次,会流行热门戏曲,如京剧、昆曲、弹词、梆子等;再次,还要会江浙皖一带的地方小戏和民间小曲,如上面提到的《荡湖船》等,上海的新移民大多来自这些地方。如此这般,才能满足上海滩上八方来客的需求,以音乐技艺在客人中博得口碑、在业界扬名立万。

俗话说,冰冻三尺非一日之寒。音乐技艺是一门童子功,须从小习得。

照片-图66中是一群习京腔乐器的女孩,看上去皆未到及笄之年,坐在椅上脚都不能触地,故而一双双缠足小脚十分醒目,拍摄时间大约在1900年前后。居中女孩一手执快板,一手握棒搭在板鼓上,另有二人操京胡,三人弹琵琶,俨然一支京剧小乐队。

不仅女童操琴,同治初年,上海还出现了京剧女班,演员皆为十几岁的女子童伶。由于此前京剧角色皆为男性,故女伶一出竟成风尚,"名园宴客,绮席飞觞,非得女伶点缀其间,几不足以尽兴。"[①]小小年纪已登场演出,入行年纪自然更小。

石版画-图67记录了名妓成名之后,练习乐器仍是每日必做之功课。画中的名妓正对镜练习三弦之类的乐器,以此来检视自己的指法和台容姿态,以提高演出的技艺。

到了清末民初的时候,有了专门为名妓唱曲伴奏的专业琴师,俗称"乌人"。

石版画《夜半月高弦索鸣》题记曰:"唯近来各妓带乌师,非十年前琵琶、二胡聆之荡气回肠可比。……小曲绝弹,殊为憾事。……深慨自有乌师之弦索,而各妓皆置琵琶胡琴于不习,曲院媚客之技将江湖日下也。"[②]此抱怨所言非虚。专业琴师的登

---

① 《禁谕女伶》,《申报》1890.1.27。
② 《图画日报》1910年 第238期。

图 67 《郑金花》。铜版画。1881 年。(《镜影箫声初集》1881,27)

场,使得名妓们无需过去那样苦练琴艺,技艺荒疏在所难免,表演的效果自然也就打了折扣。

名妓应邀赴局进行音乐表演,并非真正意义上的演出,只是她们服务的一个项目而已。在酒席上名妓要帮客人代酒行令、调笑打诨,若有牌局还要上桌代客摸上几圈。石版画《上海曲院之现象:承欢侍宴无闲暇》题记曰:"每至夕阳徐下,电火初明,即有宴客其间,广致名花,徵歌侑酒者,因作是图。"[1]写的就是名妓"承欢侍宴",除了"徵歌"外,"侑酒"也是她的服务内容。

真正意义上的音乐表演,是从一位名叫朱美兰的名妓开始的,当年她住在公共租界的福州路。许是受到京剧建戏园风潮的影响,加之女童伶登台广受欢迎,她便于1870年代初期,在租界里首建女子书场"也是园"。

清政府明令禁止女子在公共场合表演。"也是园"在租界的出现,使昔日藏匿于曲院深处的名妓,现身于大庭广众之中,她们的登台献艺犹如石破惊天,轰动一时。1884年,上海出刊了第一本石版画册《申江胜景图》,就将"女书场"列为上海一景。到了1890年代,女书场已蔚为成风,达十数家之多。

这样,传统花酒伺唱的"媚客之技",演变成现代剧场的演出形式,名妓的音乐才能从传统的狎客文化里解放出来,转化为城市音乐文化的一部分。

---

[1] 《图画日报》1910年 第238期。

图68 《谢月香》。石版画。(花雨小筑主人,《海上青楼图记》,1892,4:9)

石版画-图 68 记录了当年一间女书场演出的情景：从画中人额头的短刘海看，时间当在 1890 年代。书场的陈设部分仿照了名妓住处的模样：台后是一面西式带框大镜子，西式铸铁炉代替了传统的烧煤锅，但加了印花布幔的台子还是传统书场样式。主唱的名妓神态自若，怀抱琵琶坐于桌侧，脸转向左边，似乎沉浸在音乐里，与前面观众并无交流。身后有一女弹琵琶替她伴奏，还有一女一手拿水烟袋、一手拿燃着的纸捻伺立在侧，似乎随时准备为她服务，那位主唱名妓俨然一副文艺大腕的范儿。

下面跟随当年《游戏报》的记者，穿越到百多年前的上海夏夜，去领略一下名妓登台演出的盛况。时间是 1899 年 8 月下旬。

当日《游戏报》报道："本埠夜市全在四马路一带，自近日各书场聘各名校书（名妓）登场献技以来，每夕四马路游人如织，较前顿增数倍，可见舞榭歌台有关市面。"

今人观感：四马路是租界的夜生活场所集中之地，游人近日暴增，全赖沿街书场请了顶尖名妓前来演出。这就是当年上海文化市场的雏形，也是最早的明星效应和追星举动之一。此情景让人联想起《星球大战 7》上映时，全美及世界各大城市影院前的汹涌人流。百多年前记者生出的感慨："可见舞榭歌台有关市面"，揭示了城市文化的商业性功能，借来形容今日一样贴切。

当日《游戏报》报道:"兹又探悉昨日为林黛玉校书到海上一品楼之第一日,校书花中领袖,色艺双佳,一树马缨,游踪常满。校书香名鼎鼎,久已绝足歌场,时惟对月调琴,迎风弄笛,以尽清兴而已。前以富贵楼之聘,一时技痒,欣然乐从。第一日点戏四十五出,一品楼艳羡深之,遂亦一再敦请,校书辞不获已,故至。昨日始行前往,而座客得瞻芳采者,正不知如何辛欣也。点戏计三十五出。"

今人观感:林黛玉是一名妓之花名,为当时四大名妓之首。小编施欲擒故纵之法,先告其"香名鼎鼎,久已绝足歌场",吊人胃口,继而又言两家书场恳请其出山,两处获观众点戏计八十出,可见其受欢迎的程度。特别是观众"得瞻芳采者,正不知如何辛欣也",正符合今日追星族见到仰慕的明星时的反应。

当日《游戏报》报道:"余如翁梅倩校书,早经该楼定明,逐日前往。昨夕点二十出。林宝珠点四十五出。……又闻祝如椿昨日过富贵楼,点戏三十谱,昆曲一札。可见凡为时髦倌人无有不善昆腔者。"[①]

今人观感:翁梅倩、林宝珠、祝如椿等都是青楼翘楚,技艺超群,恰如今日一线当红演员。这表明名妓音乐表演从密室走向市场,并非个别人的举动,已成一股群体而动的潮流。最后一句"可见凡为时髦倌人无有不善昆腔者",似有狗尾续貂之

---

① 《书场续志》,《游戏报》1899年8月30日,2版。

嫌,其实别有深意:"时髦倌人"善昆腔,并利用明星效应将昆曲推向市场,对于国粹剧种的传承与传播当然是极好的。

好热闹的几段文字,反映了名妓的"时髦",不光在服装、首饰、发型的求新求变上,更在时代变迁中追随潮流的脚步上。长期以来,她们在封闭的勾栏里,在半封闭的饭局上,向特定的少数人展示自己的音乐才华,如同蜕变前的蝶蛹,蜷缩在自己的茧壳里。书场中的商演,使她们面向大众实现了蜕变,从以音乐媚客的青楼女子,羽化为都市剧场中的靓丽艺人,无意间成为音乐从小众走向大众、从青楼走向市场的探路者。

琴韵伴流光

进入民国以后,随着国民音乐教育的普及,音乐市场的发育和西洋音乐影响的扩大,一个日渐繁荣的城市音乐格局形成了。这个过程,反映到了月份牌画的表现内容上,与前述的花卉主题、镜像主题一样,出现了音乐的主题,创作出了"音乐女郎"的形象类型。

早期的音乐女郎仿佛是从中国的仕女画上走下来的。以图69为例:构图呈长条形状,是国画立轴的样式。画面上,窗外一轮明月高悬,如水夜色远照横斜树影,近沐室内佳人,活脱脱婉约派诗词的意境。女子手持竹笛,画面定格在朱唇将启、乐声即出之际;她衣着素雅,神情温婉,浴在溶溶月色里,一副小家碧

图 69 胡伯翔作,广告画,年代不详。

玉模样。试想：在这样的夜晚，赏月闻笛，与佳人为伴，将是何等的古色古香。

这一时期无论是绘画风格、人物形象，还是乐器种类，都是中国的古风古韵。这一风格的形成，与同时期上海的音乐市场格局有关。当时是传统戏曲的一统天下，月份牌画对音乐的表现，很难游离于传统。况且，这样的风格也符合当时民众的欣赏习惯。

这一时期的"音乐女郎"属"古典风格时期"，时间大约在晚清末年至民国初年。

进入1920—1930年代，是"音乐女郎"的"融合风格时期"。

这一时期的特点是，人物的形象气质都具有了都市女性的特点。月份牌画-图70，从人物的发型到衣着都是现代的，特别是无袖旗袍，一对裸臂环抱琵琶，不仅眉目含笑，且露出了牙齿，与旧时女子的仪态大相径庭，显示出开朗与自信，隐约见出西方现代女性的影子。

在这一时期，"音乐女郎"所演奏的乐器，以琵琶、月琴等中国古典弹拨乐器为主，在器乐的东方琴韵里融进了表演者的西方神韵。

1930年代以后，"音乐女郎"进入了"西化风格时期"。月份牌画-图71中，人物的穿戴装束已有明显的西方特点：头戴法式呢质无檐贝雷帽，腕戴精致手表，耳戴一枚硕大珍珠耳环。她

图 70　杭穉英作,广告画,年代不详。　　图 71　杭穉英作,广告画,年代不详。

手持源自西班牙的曼陀铃,一种与中国琵琶、月琴有相似外表的弹拨乐器。左手按弦,右手轻拨,一阵仿佛银铃般的乐声飞出了画面,清脆、空灵、细碎、干净,与操琴者娴雅的气质十分吻合。

　　当然,创作者知道月份牌的受众是中国民众,除了人物的东方面孔和中式旗袍外,身后是一扇圆形的中式花窗,营造了一个具有中国风情的环境。虽然,画面中中国元素不少,但对于"音乐女郎"来说,所持乐器是辨别画面基本风格的重要依据。

　　在这一时期,月份牌画上出现过手持各种西洋乐器的女郎,显示着演奏或学习西洋音乐,在上海女性中已是十分寻常的事了。

音乐女郎演奏乐器的西化,与西洋乐在上海的流行有很大关系。

1928年夏天,租界里的公园开始向华人开放,华人首次成为露天音乐会的听众。当年夏季,每场音乐会的华人听众有75人。1931年的工部局音乐队报告说,华人对西洋音乐及军乐兴趣日渐增高,当年公园露天音乐会华人听众,占听众总数的20%,1932年占到22%。[1]

还有一个原因是,当年流亡上海的白俄音乐家在1930年代中后期,相继开办了两所音乐学校,一所名为"第一俄国音乐学校",另一所名为"俄国总会附属音乐学校",前者以教授西洋器乐为主,后者则以西洋声乐教学为主。[2]

音乐市场和音乐教育的发展,使原来阳春白雪般高不可攀的西洋音乐,飞进了寻常的上海人家。

民国以后的上海,随着中产阶级的兴起,一种可以被公式化的生活方式,日益影响着人们的生活。在大多数可以物化的指标外,有少数几个精神与物质兼有的指标存在,音乐便是其中之一。

---

[1] 转引自王敏、魏兵兵、江文君、邵建:《近代上海城市公共空间(1843—1949)》,第32页。

[2] 汪之城:《近代俄国侨民生活》,第306页。

在一个消费社会里,音乐享受不仅是消遣,更是一种消费,与人的经济条件密切相关。所以,音乐不仅成为中产阶层文化修养的体现,也是其经济能力的反映。

来读一段张爱玲的小说《花凋》。

> 说不上来郑家是穷还是阔。呼奴使婢的一大家子,住了一幢洋房,床只有两只,小姐们每晚抱了铺盖到客厅里打地铺。客厅里稀稀朗朗几件家具也是借的,只有一架无线电是自己置的,留声机屉子里有最新的流行唱片。……①

字里行间读者对郑家的穷有了印象:小姐睡地铺,家具是租的;虽然依旧"呼奴使婢",还有"一幢洋房",这家道也显然是在败落之中。

耐人寻味的是,"只有一架无线电是自己置的,留声机屉子里有最新的流行唱片"。

"无线电"就是收音机,屉子里的唱片居然还是最新的流行。也许,对于郑家的大人来说,拥有收音机和留声机,是值得保有的生活方式的象征物;而对于郑家的小姐们来说,从收音机和留声机里了解最流行的音乐信息,恐怕是那个年纪最"酷"的事情。所以,即便借家具,睡地铺,也要自己花钱买收音机和

---

① 《张爱玲文集(精读本)》,中国华侨出版社2002年版,第102页。

图72 芜湖景乡绸缎广告,年代不详。

唱片。似乎这两样物件关乎的不仅仅是音乐,还是一户人家貌似上等生活的"面子"。有了它,就不必像阿Q那样,逢人便说祖上当年如何阔了。

再来对比一间客厅里的景象(图72):一位身穿家居薄纱长袍的女子,侧卧在美人榻上。落地的窗扇透着户外明亮的光线,深色厚重的丝质窗幔,与另一侧的白色梳妆台形成对比。客厅中央,一只金刚鹦鹉站在屋顶垂下的吊环上。如此华丽的陈设中,女子身后的一架三角钢琴引人注目。琴盖开启,乐谱摊开摆放在琴谱架上。或许,客厅的女主人刚刚弹完琴,正在小憩之中;或许,她根本不会弹琴,那钢琴就如同客厅里其他华美陈设一样,是一种显示身份的摆设。

总之,音乐渗透进了上海人的日常生活,成为中产阶级生活方式的一个醒目标签。

趁风上青云

19世纪中叶以后,西方在工业革命的推动下,科技得以飞速发展,各种"奇技淫巧"层出不穷,冲击和改变着人们既往的体验与经验。因为天时地利之故,那些新巧的"奇器"来到上海的时间,往往离它们在母国诞生的时间不久。摄影、石版印刷和胶版印刷、留声机与唱片、无线电广播、电影、电话、电报等等,概莫能外,成就了这座城市的摩登与时尚。

这里只说音乐。

自有音乐始,表演者与欣赏者必须同处一地,若超出声音传播的范围,抑或演与听存在时间的差异,人们就无法实现对音乐的欣赏。

然而,1890年5月3日上海《申报》上的一篇文章,将这个定律给打破了。

那篇文章名叫《留声机器提名记》,作者在文中提到购买了一台蜡筒式留声机,因为可以播放出各种声音,且惟妙惟肖,在朋友圈里引起不小的轰动。

这是上海居民家庭最早拥有留声机的记录。

谁料想,蜡筒式留声机在上海,只风光了不太长的时间,尔后便被唱片式留声机取代了,时间是1903年。

月份牌画-图73中,女子站在唱片式留声机前,唱针已放在唱片上,正侧身倾听自己刚换上的唱片音乐。那装扮和发式似在1920年代。这是当时的富裕人家客厅里常有的景象。虽无确切数字记录下留声机的保有量,但上海的几家大拍卖行自1905年起,即将留声机和唱片列入拍卖清单,此后成为保留项目,数十年不绝,从侧面见出留声机在社会上的拥有程度。

留声技术对音乐传播的价值,主要来自于唱片,因为那是音乐内容的载体。

上海出现的最早的唱片是由外国人制作的,内容却是地道的中国戏曲。且看一位洋人写于1903年3月19日的日记:

"我们灌录了第一批唱片。包括伴奏的乐队在内,共来了15个中国人。"

这显然是一个剧团的规模。

接下来是演唱:"那个中国人在演唱时竭尽全力地喊叫,所以他一个晚上只唱了两段嗓子就哑了。"一个演员长时间在飙高音,洋人用了"竭尽全力地喊叫"来形容,这种唱法与他之前听到的西洋歌剧一定相去甚远。也许是第一次为洋人录音,演唱者可能过于卖力,结果唱倒了嗓子。

说完了唱,自然是伴奏的乐器:"中国式的音乐就是:用伴奏鼓,三对大锣,一副拍子,一架班卓琴(应为京胡),一些声音

图 73 广告画,年代不详。

听似风笛,用芦秆做的乐器(应为笙),以及一位声嘶力竭的演唱者共同发出的巨大声响。"从乐器构成来看,大约是京剧演唱所需的配备。京胡、笙大概是这个西方人第一次见到,用了班卓琴和风笛这样的西洋乐器名来称呼。对于演唱与乐队配合的效果,他的评价似乎不高,只是对"发出的巨大声响"留有很深的印象。

记录者的结语让人读来有点不爽:"他们所谓的音乐就如此被录下来了。"在他看来,这种表演只是"所谓的音乐",有点不屑的味道。细想一下也不奇怪,因为中国戏曲的演唱风格和音乐语汇,大大超出记录者既往的音乐欣赏经验,孤陋寡闻者有此印象,并非太过离谱。

这位洋人叫弗雷德·盖斯堡,于前一年的9月28日受英国留声机公司派遣,来中国等地录制当地本土音乐素材。次年将这些素材的绝大部分送往德国汉诺威,由英国留声机公司制成唱片后再与留声机一并销返亚洲国家。[1]

中国第一张真正国产唱片的问世,是在1917年。据《唱片与近代上海社会生活》一书介绍,截至1926年末全上海经营唱片、唱机业务的企业有26家。

一类是商行。华洋皆有,以洋商为主。这类洋商涉足唱片与唱机领域时间早,代理的都是西洋知名品牌,著名者如法资百

---

[1] 转引自葛涛:《唱片与近代上海社会生活》,第48页。

代公司还是当时中国境内唯一生产唱片的企业,其他如英资谋得利洋行、德资高亭公司等亦有很高的知名度。

二类是商场。这其中又有区分,综合性商业购物公司,如南京路上的永安商场,虽"经营环球百货",但在商厦三楼专设留声机部,出售世界名牌唱机及唱片,先施公司亦在此列。还有就是资本小、经营品种单纯的专卖店。

三类是出版业的介入。不单是商务印书馆,包括中华书局、文明书局等出版公司,也参与到唱片与唱机的销售中,其中文明书局于1926年12月还推出了自制的"彩凤牌"唱机。这一现象值得注意——在九十年前中国现代平面出版业发展早期,有识之士就已慧眼独具,看到了视、听在接受信息上的相通之处,进行了跨界经营。

有产品就有销售,有销售就有广告。月份牌广告画-图74中女子身着旗袍,右手拿一张带包装的"丽丽"牌唱片,品牌和商标清晰可见。让人印象深刻的是画中人举起左手,伸出食指遥指天际,仿佛在告诉人们:你听,那飘在空中的音律,那游荡在耳畔的丽声,都是来自丽丽牌唱片。

唱片广告在数量上远逊于烟草、酒类、服装、化妆品和百货的广告。这张月份牌画的制作,与其他类型的广告也有区别:一是人物设定,人近中年,知性朴素;二是背景极简,只有单一色调;三是没有四围边框的复杂装饰。不像一般的月份牌画那样,人物年轻娇美、衣饰靓丽时髦、背景花草纷呈、装饰繁复多样。

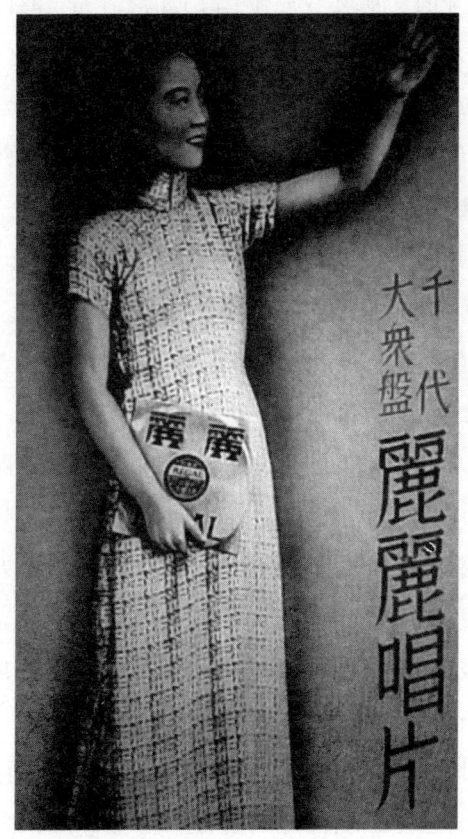

图 74 "丽丽牌"唱片广告,年代不详。

这大约是因为唱片是纯粹的文化产品,销售对象一般是中产阶层以上的家庭,文化层次较高,因此无需媚俗,简洁雅致就好。

唱片业的发展,不仅成为上海文化产业链上醒目的一环,为当时的人们带来了音乐的享受,更为可贵的是,它在保留旧中国音乐遗产上的贡献,是难以估量的。唱片在当年如同今天的电脑硬盘一样,储存下了难以置信的海量音乐信息,无论是种类还是数量,都达到令人叹为观止的地步。

根据《中国唱片厂库存旧唱片模板目录》载,所有唱片分为:戏曲、曲艺、乐曲、歌曲、其他等五大类。

仅是戏曲唱片,就录有除京、昆等流行剧种外的 36 种地方戏曲,涵盖了包括西藏在内的 16 个现在的省级地域。

在地方戏曲上,仅"梆子"就分为河北梆子、山西梆子、秦腔(梆子)、山东梆子、河南梆子;

"滑稽戏"包括了宁波滑稽、北平滑稽、唱春、零头戏、滑稽苏滩、文明宣卷、滑稽小曲;

"大鼓"则有:京韵大鼓、铁片大鼓、梨花大鼓、梅花大鼓、奉天大鼓、乐亭大鼓、河西大鼓、河间大鼓。[①]

有些地方剧种,今人已闻所未闻,早已湮灭在时间的长河里。能觅得它往日的音韵和声影,这实在是拜当年录制的唱片所赐,确为不幸中的万幸。

---

① 《唱片与近代上海社会生活》,第 288—291 页。

留声技术的出现,是上海文化与科技的一次完美结合,它革命性地改变了人们欣赏音乐的传统方式,使人足不出户,便可欣赏到古今中外的音乐,还包括人类活动和自然界中的各种音响,实现了音乐表演和欣赏空间的乾坤大挪移。在这之后,原来的个体文化消遣成了社会的公共文化消费,个人的闲情逸致变成了大众的娱乐活动。

与之媲美的还有无线电技术。

1923年1月23日晚8时,本该是一个普通冬夜的普通时刻,因为一件事,使得上海的夜空变得不寻常起来。一首西洋诙谐曲的旋律,如同精灵一般摇摆着、跳跃着、闪烁着,第一次轻灵欢快地飘荡在这座城市的上空。一种叫做收音机的小盒子,把音符从空中迎接下来,播放出去,让人闻之惊叹"此曲只应天上有,人间能得几回闻"(唐·杜甫)。

这是一位名叫贾罗斯拉·科西恩的捷克小提琴家,在钢琴师的伴奏下,通过传声筒,在临时搭建的播音室里演奏的乐曲,地点位于广州路大来大楼顶层。①

此曲一出,便拉开了无线电传播音乐的大幕。

天空从此不再沉寂,成了一座巨大的音乐舞台。1937年7月,上海28家广播电台,每日总计播音341.25小时,其中播放音乐唱片达49.8小时,占全部播音时间的14.6%。无怪乎有人

---

① 《大陆报》1923年1月24日。见《旧中国的上海广播事业》,第7页。

形容那个年代的上海:"空中布满着音乐"。①

收音机的拥有数反映着广播的效果。1935年9月30日,在上海国民政府交通部国际电信局备案的收音机,就达6.8万台。②同期上海中产阶级人口在30万左右,平均不到5人即有一台,普及程度之高令人咋舌。

清人曹雪芹诗云:"好风凭借力,送我上青云。"音乐在上海搭上了科技的顺风车,音符如同生了翅膀,凌空飞翔的范围远远超出了地域的限制。在文化嫁接上商业的同时,又与科技结了缘,从而形成了上海文化独特的"DNA"。

---

① 《上海各广播电台节目时间表》,《中国无线电》1934年2月5日第2卷第3期。
② 《大事记》,《上海广播电视志》,上海社科出版社1999年11月版。

图75 《大兴里金小宝听堂唱》,石版画
——沪上游戏主,《海上游戏图说》,1898,4

金小宝是1890年代上海青楼有名的"四大名妓"之一。画面上两位男子在她的堂厅里欣赏她演唱。从金小宝怀抱的琵琶来看,她正在给客人唱的是苏州评弹。身边站着一位姨娘,手拿一水烟袋,随时准备供金小宝享用。

从屋内陈设看,家具和门帘是中式的,屋顶垂下的吊灯和镜子是西式的,反映了当时名妓所在勾栏中西合璧的特点。

爱　宠

引子

开埠以后的上海，人与动物的关系与过往的农耕社会相比，有了新的变化。

放眼上海租界，进入眼帘最多的动物就是马，一种在乡村拖物拉车的牲畜。如今，它们拉着钢轮的车座满世界转悠——车座有单排的，也有双排对坐的；有敞篷的，也有带顶盖的；有两轮的，也有四轮的；马有单匹的，也有双匹的；车夫有戴瓜皮小帽，穿长衫的，也有戴西式礼帽，着短装的；车有带铃铛的，一路跑过叮当一路；车夫有甩响鞭的，十八种花样轮流显摆。

专门跑马车的道路修出来了，柏油铺就，宽敞平直，名曰"马路"，以至于有的街名就以"马路"相称，例如名妓云集的"四马路"。专门供外地人观光的旅游线路，在一本本《旅游指南》上被标了出来,除了景观有代表性外,一定要能供马车行驶。

这些马和身处乡村的同类一样,还是拉车出力,但已不拉货只载人。除了外地游客,青楼名妓便是客人中重要的一群,她们乘马车兜风,借马车斗艳,驾马车竞速,这些成了各种小报的新闻,还被写进了小说里:

> 子富和黄翠凤两人把马车驰至大马路斜角转弯,道遇一把轿车驶过,自东而西,恰好与子富坐的车并驾齐驱。子富望那玻璃窗内,原来是王莲生带着张蕙贞同车并坐。大家见了,只点头微笑。将近泥城桥堍,那轿车加紧一鞭,争先过桥。这马见有前车引领,也自跟着纵辔飞跑。趁此下桥之势,滔滔滚滚,直奔静安寺来。一转瞬间,明园在望。①

那架势、那场面极为张扬啸动,虽为小说描述,也确是当年浦江盛景之一,在报纸和石版画中多有反映。试想,名妓、客人与他人互相驱车竞逐,路人的目光又在追逐着风驰电掣的人与车,似有卞之琳笔下"你在桥上看风景,看风景的人在楼上看你"的意趣。

这一时期的上海,还有一项与马有关的娱乐——赛马。这个场合不仅是马匹表演的时刻,吸引了众多的洋人国人前往,

---

① 转引自(清)韩邦庆:《海上花列传》,第9回。

也是名妓们争奇斗艳的舞台。当时报上有所谓"西人赛马"一说,是指马从载人的苦力,变成了娱乐和博彩的工具,与人的关系又有了变化;紧跟在后的一句则是"华人赛钱",说的就是名妓在赛马场外斗富争奇的表现。报载当时上海青楼的"四大金刚"(名妓)"尤刻意铺张,马身扎五色绢彩,马夫制艳色号衣,每夕阳西下,至跑马厅一望,停马观赛者,衔尾相接。"①

虽然马在上海这座城市里,时时与名妓发生接触,但远没有达到得宠的地步。

人类真正的宠物,从体型上讲应是娇小,容易人见犹怜;从性格上讲应是温顺,容易让人亲近,此类特点猫与狗最是符合。

有关名妓与宠物的关系,几乎难见文字留存,幸好摄影术的出现,留下了不多的珍贵照片,为一窥当年名妓与宠物的关系,提供了实况。

进入民国以后,随着西方生活方式的传入,加上女性在家庭中地位的提升,越来越多的女人养起了宠物,街头上渐渐有了纽约、巴黎和伦敦的风情:脚蹬高跟鞋、身着华服的女子,手牵或怀抱宠物行走于闹市之间,成为上海街头的一景,还频频上了杂志和报纸的版面,以至于在外地人眼中,宠物成了上海富裕时髦女性的标配之一。

宠物与女性的关系,由此进入一个黄金时代,宠物的种类

---

① 转引自(美)叶凯蒂:《上海·爱》,第229页。

日渐繁杂,从体形娇小的金鱼鸟雀,到体形健硕的苏格兰牧羊犬,林林种种,形形色色,陪伴在上海女人的左右。在这一时期的月份牌画中,有了许多女性与宠物相伴的画面出现,让人目不暇接,从二者间不断变化的关系中,不仅反映出女性地位的提升,还体现了商业广告推销术的演进。

虚构故事

版权疑云

沿着南京东路走不多远,文琴就看到了新新百货的招牌。她要去的是对面的新雅咖啡馆。

刚从外面刺目秋阳下进来,眼前一片黑,要不是听到娟的招呼,还真有点不知所措。

雅座里,除了娟,丽达也在。落座。寒暄。各人要了杯咖啡,丽达怕胖没加糖。

"啥事体,那浪急嘎?"

娟和丽达都在《挚友》做事,一个撰稿,一个拍照。两人交换了眼神,娟示意丽达说。

"那张照片带了吗?我们一时找不着原件,只好麻烦您呐。"丽达是北方人,语气有点急。

文琴从坤包里拿出一张照片,看了一眼便递了过去,脸上

图 76 双犬与妇人,照片,年代不详。   图 77 双犬与妇人,广告画,年代不详。

一副不解的样子。娟伸手半路截住,又向丽达要了一张画页,一块放在咖啡桌上。

文琴瞄了一眼,那是一张月份牌画,画上有个女人,好像也牵着两条狗。

"勿错,是苏格兰牧羊犬。"娟头也没抬,语气蛮肯定的。文琴凑了过去。

"两只狗站的样子都像。"丽达伸过头来,只看一眼便说。

特别吃惊的是月份牌右边的犬,竟与照片左边的"山姆"几乎一模一样。

文琴愣住了,一时不知说什么好。

"还有,格个女人同文琴老像格,瓜子脸,短发,旗袍,人一样清爽,身材交关好哉。"

文琴这下有点吃惊了,她俩在抽丝剥茧,说得有根有据。

过道对面坐着一个模样斯文的男人,戴着一副金丝眼镜,一边悠闲饮着咖啡,一边无聊地在纸片上涂抹。文琴无意间发现,那人每隔上一会儿,就往她们这边张上一眼,眼神有点怪。

文琴懒得多想,把目光放到了自己带来的那张照片上。

两年前的一天,娟从杂志社的办公室给她打电话,说要拍一组"佳人与宠物"的照片。朋友圈子里都知道她的"山姆"和"玛丽",那是汉轩送给她的生日礼物:一对纯种的苏格兰牧羊犬。那天,在外滩的马路上和汇丰银行门口,丽达给她拍下了一组照片,这是其中的一张。

"W女士牵着她的两条苏格兰牧羊犬,走在外滩大马路上,吸引了太多人的目光。牧羊犬高大出本地犬太多,W女士紧拉绳索,仿佛古代武士勒缰御马而行,好不飒爽威风。最后,W女士和她的狗,停在了她先生上班的银行前,在初夏的阳光下,用'佳人与宠物'的合影来向她的先生致意。"

文琴大致还记得娟在杂志上为照片配的文字。

对面的男人又瞥了一眼过来,好像对她们这边没了动静有点诧异。

透过临街的落地玻璃窗,外面的天色有些暗下来,行人步履也比下午匆忙一些。对面新新百货大楼的轮廓变得有点模糊。吧台上的留声机里,李兰香的《夜来香》柔柔地飘了过来,似有若无,并不妨碍客人说话。

"现在月份牌的市场行情好,这家画社没打招呼就临摹了照片,明显是在侵权。"丽达抬头看着文琴。

对面那男子的肩头不自然动了一下。他莫不是在听我们说话?文琴心想。

"阿拉画报社已经同他们交涉过了,迟迟没有回话。"娟接着说道。

"周襄理让我们来和您商量一下,是不是一同上法庭起诉。"丽达说。

"这事体同我有啥关系?"

丽达和娟对视了一下。"我们画报社有这张照片的版权,您有肖像权呀。"丽达解释道。

"山姆它两口子也有肖像权嗄。"娟说完自己先笑了起来,文琴醒悟过来也跟着笑了。

外面已经完全黑了,几乎辨不出街景,只有行色匆匆赶路的人,因为走进从咖啡馆窗户透出的光晕里,才显出了身形。

此时临街的落地窗玻璃成了一块银幕,反射着店里的客人和忙碌的伺者,仿佛在上演一出不知名的电影。那个坐在过道对面的男人,虽然侧身面向大街,文琴却在玻璃的反光中看得分明,他停下了手里的笔,好像专心在听她们说话。

"文琴呀,周襄理让我们同您商量,是不是可以同他们打官司?"

文琴看看她俩,再看看搁在矮几上的月份牌和照片,端起的咖啡杯停在了嘴边:"我想同汉轩商议一下再说,好伐?"说完她斜了那男子一眼,发现那人埋头在纸片上写着什么。

付完账,三人起身准备离去,一位伺者喊住走在后面的文琴,递过一张纸条。

"是一位先生让交拨侬的。"

文琴一边示意两位先走,一边打开了折起的纸条:

"女士,请原谅我的冒昧,有关照片肖像权之事宜,可否面晤,私下解决?"纸上留有姓名和电话。

文琴来不及细想,把纸条放进了坤包,跟在娟和丽达的身后,走进灯火通明、人来车往的夜色里。

关于图片

故事里的照片(图76)发现于网络,无人物、时间和地点的说明。

照片拍得蛮有专业范,由此,便想到了《良友》画报,它是当年上海最畅销的刊物,刊登有大量的摄影作品,故而随手借来,化名《挚友》用在了故事里。

故事中提到的新亚咖啡馆和汇丰银行,当时确在文中提到的地点。

至于说到的版权纠纷,并无实证。不过,明眼人不难发现照片和月份牌画之间,存在着版权纠纷的隐患。

这里多说几句,其实早在清宣统二年(1910年)清政府就颁布了《大清著作权律》,这是中国历史上第一部有关版权的法律。其后的民国时期,北洋军阀政府和国民政府分别于1915年和1928年各自通过了版权法。此法的颁布,让出版机构和作者有了版权的意识,也从反面说明盗版侵权的事时有发生。

再说照片与月份牌画,除了惊叹二者的相似外,还惊叹于出现的时间。从两幅图像的人物衣饰,特别是豢养的大型宠物犬来看,时间应在1940年代中期以后。前文"邂逅"一节,曾对民国初年名妓照片与月份牌画的高度相似性,做过比较分析,两处例证之间相隔了三十余年,这两类女性公共图像依然不离不弃,月份牌画仍在延续以照片为蓝本的作法,让人顿生感慨。

对了,月份牌画-图77也是出自网络,具体年代和作者不详。

宠物与青楼名妓

近代上海的宠物文化具体源起何时,似已无法考证,所幸在当年的青楼小照中,留下了不多的名妓与宠物合影照。具体拍摄年份一张是1900年,距满清倒台还有11年;另一张是1917年,那已是民国六年了;还有一个年份要算上,就是离上海开埠均已超过了半个世纪。

所以追究照片的年份,是想探究一下宠物文化在近代上海的由来。

在中国的历史上,人与动物的关系多局限在生产领域,动物是人劳作的助手或工具,即使是猫狗,也是忙着驱鼠保粮、看家护院的活,未曾有过受宠的时候。

而在数千年前的埃及法老墓中,就发现有猫狗的木乃伊,墓穴的壁画上也画有它们生前的形象,在冥界中与主人继续着前缘。

古希腊人把一天分为十二个小时,分别用动物来标识,排在首位的就是猫。

可见,动物升格为宠物,在西方已有悠久的历史,上海的宠物文化是西方生活方式传入的结果,具体年代应在上海开埠以后。青楼是追随西洋时尚且推波助澜的地方,名妓对宠物发生兴趣,进而亲密接触,是很自然的事,但那时远未形成潮流,只是初露端倪而已。

下面通过比较人物与宠物的视觉关系（包括双方的距离、位置、体态)和情感关系(双方眼神、肢体的互动),来阅读两张名妓与宠物的照片。

照片-图78摄于1900年。名妓侧卧于榻,表情平淡,在她的小脚边,立着一只猫。那是一只其貌不扬的小东西,毛色暗淡,花纹普通,不靓也不萌,模样看上去甚至有点猥琐。有意思

图78 名妓与猫,天津(?),影楼明信片,约摄于1900年代。

的是画面里猫的位置:既不是低人一等的立于榻下,也没有被照中人揽入怀中,说明二者的关系既不远也不近。小猫虽与照中人同置一榻,却是被置于人物的脚边,似乎在刻意表达一种主仆从属的距离感。再看双方的眼神,都直视着镜头,全无交集可言。宠物小猫的怯弱拘谨姿态,愈发衬托出主人躺在榻上有点张扬与不羁的姿式。

只是那女人架起的腿和猫儿蜷起的尾巴,在视觉上有一种类似的感觉,透露出二者间些许的默契。

另一幅照片(图79)摄于1917年。一位年轻的名妓席地而坐,一只品相普通的狗紧靠在身旁,宠物是不会作假的,若是平日与主人关系不好,一定不会如此安稳地待在主人近旁,尤其

图 79 名妓与狗,取自《小林黛玉现名小紫鹃与黛语楼合影》照片,1917 年。

是在摄影棚的陌生环境里。这个距离反映着平日里主人与宠物的亲近。

比形体和动作更能反映二者关系的是眼神。人物为了拍照,眼睛对着镜头。有趣的是宠物狗把头扭向一边,眼睛直盯着主人,眼神里似有期盼,希望得到对方的回应。名妓则用右手轻揽住它的脖子,手指似乎在轻轻摸挠,以此对宠物狗的眼神做出回应;而宠物狗耷拉下的双耳,松弛的体态都表明,它正在享受着主人的关爱。在这张照片中,人与宠物的关系比起上面的照片,似乎更为平等,也更加亲密了。

宠物文化进入名妓的生活,固然有模仿洋人女子、追逐时髦的动机,但还有更深的原因。一位著名西方文化学者说过:"宠物可以提供主人一面镜子,照见任何其他地方所无法反映的部分。"①

在宠物这面"镜子"面前,映照出了名妓的情感体验,以及对所置身环境的感受。

表面上看,名妓身处欢场,整日游走于不同的异性之间,深谙感情游戏之道,火候通常都拿捏得恰到好处,既可以含情脉脉,也可以烈焰似火;既可以花前月下,也可以海誓山盟,总之绝无空虚可言。其实,那些只是逢场作戏而已,因为种种原因,绝大多数青楼里的爱情以劳燕分飞惨淡收场,反倒徒增了她们

---

① 约翰·伯格:《影像的阅读》,第15页。

的失落与感伤,以至于真正的爱情渐渐成为一种奢望。

请看一场铭心刻骨的爱恋风暴过后,名妓朱文卿心中是一片怎样的情感废墟:

> 两月同居,爱逾骨肉。晨昏陪伺,情意相投,不图仓促分襟,出于意外,临行数语,不觉呜咽吞声,肝肠寸断。……别后茕茕孤影,眠食难安,每忆音容,凄然鼻酸。相思万缕,顿教减瘦腰肢,别梦千山,何处再成连理?他日倘逢良觌,再续前缘。当知薄命人镜里容颜,为郎憔悴也。所见不欢,一日三秋。春色恼人,奄奄欲病。①

读了这段文字,似乎看到那位青楼女子在情感的世界里,"寻寻觅觅,冷冷清清,凄凄惨惨戚戚"的模样。她对于动了真情的男人离去十分不舍。这封通篇散发着缠绵缱绻之情的信,正是她情感世界被粗暴删除清空后的写照。此时,若有一只宠物进入她的生活,充当她施爱的对象,就有可能成为她的情感替代与寄托。在很多情况下,动物就是这样趁虚而入得宠于人的。

另一个更为深层的原因,在男权为主的社会中,面对权势与金钱,青楼女子处于弱势,被动地受男性和金钱的驱使,在这个过程中人格得不到尊重,还容易受到扭曲,心理时常处于压

---

① 转引自(美)叶凯蒂:《上海·爱》,第129、130页。

抑之中。她们与环境的这种沿袭已久的不平等关系,既然不可能改变,就会试图通过其他途径,来达到心理上的平衡:一个是易男装,把自己打扮成男人,以此进入虚拟的男性世界,在想象中与男人平起平坐(当然,也以此招徕客人之意)。另一个就是饲养宠物,利用宠物的弱小和对人的依赖,来满足她们的施舍感与操控欲。在与宠物的关系中,名妓成功地调换了自己在现实中的位置,从弱者变为了强者。

上面两张照片拍摄相隔的时间有17个年头,这段时间里,中国社会发生了惊天动地的变化,紫禁城威严厚重的王权大门被关上了,清王朝退出了历史的舞台。进入民国以后,租界里的西方影响日渐增强,人们的思想观念和生活方式更趋西化。在此背景下,宠物在青楼里与名妓的关系,也从单纯的陪伴,渐渐走进主人的情感生活,成了名妓情感交流和依赖的对象。

这一变化,开始了其后上海女性与宠物关系的"黄金时代",使之成为月份牌画中常见的主题之一——女人与宠物。

宠物与民国女郎

上海进入了民国,这座城市就像是脱去厚重的封建外衣,逐渐显露出人性的本真,尤其是对于这座城市中的女性。

衡量一个城市中女性地位的变化,可以有诸多指标,例如女性受教育的程度、女性的就业率、女性的自立能力等等。月份

爱宠　211

图80　益隆号广告,年代不详。

牌画仿佛是一扇窗口,透过其中女人与宠物的关系,可以窥见这座城市女性地位变化的一个侧面。

在讲到月份牌画中的宠物时,先要厘清一个现象,就是出现在画面中的动物不一定都是宠物。下面的两张月份牌画中的动物,分别是两种"非宠物"的类型。

广告画-图80中的女郎坐在池塘边的树荫下,手握一束野花,笑意盈盈。初夏时节的池塘里荷花盛开,一对鸭子在荷叶间游弋,远处山峦青黛如烟。这是一个精心设计的场景:双鸭在这里不仅是自然景观中的存在,更重要的是一个不可替代的寓意物——"双鸭牌注册商标"。这是这张月份牌要广而告之的品牌标识。这在其他一些月份牌画中也可见到,例如雄鹰的形象与"老鹰牌"水彩画颜料;两匹骏马的形象与"金双马"牌棉纱等等[①],动物在这里是一个具有特定意涵的商业符号。

再看一幅烟草广告的月份牌画(图81)。画中的女子也是坐在水边,平静的水面上有两只白鹅游动。画面的构成元素与上一幅极为相似,但又有所不同。这里的动物没有特指性,只要符合人物置身的自然环境、同时符合人物的形象特征即可。这幅画中,人物气质娴静优雅,以白鹅入画就极为相称。如果画中人物是老者,云中白鹤便是极好的陪衬。根据需要任何一种野禽皆可入画。在这里,动物就是自然背景中的一个元素,如水波,如垂柳,如岸石,是一种自然的存在,不具备宠物的特性。

这样,就很自然地触及到一个问题:月份牌画中什么样的动物可称之为宠物?

主要是取决于动物与人物的关系。

首先,被称作宠物的动物一定是被豢养的。它们脱离了自然的环境,其生存全赖人的照料。正如著名文化学者约翰·伯格所言:"小家庭式的生活单位缺乏空间、土壤、其他动物、四季变

---

① 李婷:《广告摩登》,第32页。

图 81 胡伯翔,《秋水伊人》,哈德门香烟广告,1930 年。

化以及天然气温等等,宠物不是被结扎就是无机会交配,运动的机会可能非常有限,而且吃的是人造食品。"这样做的结果就是比起生活在自然界的动物,它们对饲养者产生了极度的依赖。① 要与人和睦相处,一般而言,动物体型的娇小可爱,性格的温顺讨喜最受欢迎,所以猫狗是首选。因此,出现在月份牌画中的宠物,在亮相的次数上以犬类为最,其他如鸟雀、小兔、金鱼等(图82、图83)亦有出现,一定程度上是现实生活的真实反映。

当时有空余时间和精力来饲养宠物的,一般是中产阶级家庭中的主妇,她们衣食无忧,时间充裕,且因有一定的文化修养,才会有饲养宠物的需求和兴趣。

据1936年上海家庭收入的调查,"家主的收入占到职员家庭总收入的绝大部分,即85.11%。这印证了上海职员阶层家庭的太太是全职家庭主妇……"② 而同期上海中产阶级人口约在29至32万人之间。从统计学意义上说,当时的全职太太在上海应有数万之众,是个不小的社会群体,她们是饲养宠物的主体。

月份牌画中的宠物主题,正是对这一社会现象的概括。

其次,画面中的人与动物之间,通过构图、相互间位置的设定,以及体态与肢体等等,传递出相通的气息,要予人以"宠与被宠"的感觉。

月份牌画中动物得主人之"宠",大致分为两个不同的阶

---

① 约翰·伯格:《影像的阅读》,第15页。

② 江文君:《近代上海职员生活史》,第91页。

图 82　杭穉英作,利华公司广告,年代不详。　图 83　金梅生作,上海盛錩电池广告,年代不详。

段:一个是若即若离、似宠未宠的阶段,时间约在 1920 至 1930 年之间;另一个是亲密无间、近似家人的阶段,时间在 1930 年代以后。

下面是两个不同阶段的例子,从人物服装样式的不同,即可见出年代的不同。

这两张月份牌画,一幅(图 84)作于 1920 年,另一幅(图 85)作于 1924 年,场景一个室内,一个户外。

画中人物都是城里富裕人家装扮,从发式和服装细辨,左边像少妇的女子立在书桌边,房间里西式格调的装修和家具、座钟、墙纸与木质墙裙、地毯与窗帘,处处彰显着女主人生活的

图 84 周柏生作,南洋兄弟烟草有限公司,1920年。

图 85 《恭贺新禧》,天津益昌行经理永保水火保险公司广告。年代不详。

优渥;右边似学生的女子,梳短发,手执书本,一身学生装束,站在小径的树下托腮凝神,一副若有所思的模样。显然狗的主人是城市中产阶级家庭的女子。

画中的狗不是乡野里的土狗。左边的那只蜷缩在桌下,从耷拉的大长耳朵判断,大约属腊肠犬或小猎犬一类。右边的一只伴在主人身旁,颈上戴着项圈,从它的短吻和耳朵形状看,可能是某种梗类犬。它们都是来自西洋的小型宠物犬。

然而,它们在画面中的位置,却与"宠物"二字有点名不符实:它们或者匍匐在主人脚边,或者立于主人身侧,无论眼神与肢体,主人与之全无交流与互动,看不出任何"宠"意的存在。

这说明它们还没有成为完全意义上的宠物。

此时,它们正走在得宠的路上。

进入 1930 年代以后,月份牌上的狗与女主人的关系,明显地亲近起来。

从月份牌画中出现的狗的品种看,京巴狗成了主角。表面上看,相较于其他品种,似乎京巴的性情更为温和、形体更为小巧、相貌更具观赏性,这当然不错。然而,在这些直观的表象背后,还有着更深一层的原因:京巴狗从脸型上看,吻短颊宽,有一双大而圆的眼睛,特别是眼神常流露出童真之感;加上形体短小圆润,性情温顺平和,与孩童很是相像。

从下面这组月份牌画中,可以看到以京巴犬为代表的宠物狗,其受宠的程度堪比家中的孩童。

第一组(图 86、图 87):怀抱型。左边画中的女子怀里抱着京巴犬,右边的则怀抱婴儿,两人的动作几乎一模一样:一手搂住颈项,一手兜住臀部。犬与孩子在主人和母亲的臂弯里,一般地舒适与安宁。画面都洋溢着母爱的氛围。

第二组(图 88、图 89):揽肩型。左侧画中的女主人驻足户外的栅栏前,双手抓住京巴的前后腿,将它像围巾一样绕在颈后;与之对比的画面上,妈妈抓住女童的一只手将她揽在自己的肩后,目光看着同一个方向,许是正看着家中的京巴犬呢。画面中都有童趣在散发。

第三组(图 90、图 91):贴面型。左边的女郎手托一只白色

图86 金梅生作,广告画,年代不详。

图87 吴蕙农作,香港制面广告,1930年代。

图88 广告画,年代不详。

图89 金梅生作,徐胜记画片发行所广告,年代不详。

图90 金梅生作,中国华成烟公司广告,年代不详。

图91 志厂作,美美牌、香宝牌香烟公司广告,20世纪30年代。

京巴,将它的头紧贴着自己的面颊;右边的母亲把女儿抱在膝上,女儿用手搂住妈妈的脖子,两人面庞相贴,露出淡淡的笑意。画面都透着一种母与子的亲密。

宠物在这一时期终于修成正果,真正走进了上海中产阶级家庭,并且融入了主人的生活,成为其中的一员。结果便如约翰·伯格所言,"宠物养到后来就和它们的主人相像","它们是主人生活方式的产物"[1],成了那个阶层海派生活方式的标志之一。月份牌画通过笔墨色彩,向世人形象地展示了这个标志。

---

[1] 约翰·伯格:《影像的阅读》,第15页。

图 92 广告画,年代不详。

月份牌画中宠物犬类,一个时期以来以京巴等小型犬为主,但随着时间的推移,逐渐出现了大型犬的形象。除了前面虚拟故事里提到的苏格兰牧羊犬外,广告画-图 92 中是名为大明斯特兰德的大型犬种。和苏格兰牧羊犬一样,它们比京巴之类的小型犬,形体上大一倍以上。这既是当时饲养宠物的一个变化,是现实生活的真实写照,也是一种象征,暗示着中产阶级女性驾驭生活的能力在增强,家庭中的地位在提高。这不仅表现在女性就业人数的增长,出现了所谓的"白领丽人"群体,即使在家庭里,"男主外,女主内"已成为常见的生活模式①,女性要

---

① 江文君:《近代上海职员生活史》,第 79 页。

担负起抚养儿女、管理家佣,甚至理财、社交等事务。那些体型较小的宠物,已经不能显示中产阶级家庭女性日益增长的能力了,大型犬类与女性形象的搭配,组合出了"女汉子"的气概,构成了一种新的关于都市女性的隐喻。

在这里,月份牌画又一次成了折射生活的镜子。

宠物与商品推销

当人们浏览数量繁多的月份牌画时,在人与宠物的主题下,还存在着另类的关系——陪伴在画中女郎身边的不是娇小可人的动物,而是高大凶猛的兽类,上演了一出活生生的《美女与野兽》,例如下列画面:

第一幅画(图93)中,一只斑斓猛虎双目炯炯,逼视前方,那位年轻女子气定神闲,一手置放身后,一手抚摸虎头,老虎似是习惯了这样的举动,表现出顺从驯服的态度。女郎颔首微侧,腰肢轻扭,呈现出S状,与猛虎摆动的尾巴姿态相像。人物衣服的色彩装饰和画面背景,都被简化到几近于无,似乎意在突出人与虎的存在。

第二幅画(图94)中是一位驯兽女郎,面带笑意,姿容俏丽,特别是一对珍珠耳坠,尽显女性风韵。她身穿蓝色高领披风,手里拿着鞭子,流露出的淡定与从容,似有男子气度。身后高台上,赫然站立一头鬃毛浓密、身躯壮实的雄狮,嘴巴微张,露出

图93 丁云先作,广告画,年代不详。

图 94 广告画,年代不详。

红的舌与尖的齿。背景是舞台环境,红色边幕衬托着狮子身形,再往里便是形状各异的训兽表演用具。

这类场景可不是寻常人家的景象,显然无法归入"宠物与人"的主题,但可归入动物与人的大概念。

猛兽入画从欣赏的角度看,也具有一定的风险,对普通消费者来说,此类猛兽大多与嗜血场面相联系,容易引发观赏者回避或排斥的情绪。但也存在相反的可能,即画面题材的刺激性,有助于更快地抓住观赏者的注意力。

再则,画中人物也似乎存在着性别上的错位,在一般人眼中危险的驯兽工作,理应由男性来承担。

那么,为什么会有这样另类的月份牌画出现呢?这就必须要还原到月份牌画的初始身份——商品广告上,从广告营销学和广告心理学两个方面来一窥究竟。

"美女与野兽"的组合,与所销售的商品并无直接关联,可能是香烟,也可能是百货或其他,它的含义其实就隐藏在这种搭配之中。

画面上的女性和猛兽的形象,实际上可以被看作是创作者设计好的一对搭档,各司其职,代表着不同的意图。

月份牌画女郎通常是代表着消费者,尤其是中产阶级的家庭主妇们。前文中提到30年代的上海,中产阶级发展得十分迅猛,人口已有30万上下,且形成了"男主外,女主内"的生活模式,家中消费大多通过家庭主妇完成。

这个阶层的消费能力究竟如何?请看1936年上海职员与工人家庭消费水准的比较:

食物消费:职员43种,消费额28.004元;工人28种,消费额13.584元。

房屋消费:职员11种,消费额25.144元;工人9种,消费额4.917元。

衣服消费:职员24种,消费额8.003元;工人11种,消费额0.687元。

杂项消费:职员18种,消费额9.840元;工人6种,消费额1.605元。

合计:消费种类:职员家庭96种;工人家庭54种。消费额:

职员家庭 70.991 元；工人家庭 20.793 元。[①]

枯燥的数字很有说服力，从消费的商品种类上看，职员家庭是工人家庭的将近一倍；而消费金额前者更是后者的 3.41 倍。这在当时是一个十分巨大的消费群体，是任何商家都要认真对待和竭力争取的对象。

猛兽所代表的具体含义，则要从不同的角度加以区分：

可以指代昂贵的奢侈商品。面对此类商品，消费者的反应一如面对猛兽，先是心生敬畏，继而望而却步。通过柔弱女子驯服猛兽的画面，来含蓄传达奢侈品也是可以被"驯服"的理念，从而激发消费者购买高档商品的欲望。

可以指代一种消费心态。似在暗示潜在的消费者，面对商品，不要像小动物那样畏首畏尾，徘徊犹豫；要像猛兽面对猎物一样，下手果断、干脆利落。正如约翰·伯格所说，在旧传统中，"动物代表着画中所提及的各种性格特征，举例来说：狮子，代表绝对的勇敢……只有透过动物，这些特质方才得以辨认出来。"[②]在月份牌画的创作时，作者可能考虑到这一点，通过选择不同的动物，来对应人的某种情绪，以诱导或激发观者的相应情绪反应，比如愉悦，比如冲动，猛兽的某种品性，在画中就成了某种消费态度的对应物。

[①] 《上海公共租界工部局工业社会处关于工人、职员生活指数和收入水平的统计表》，上海档案馆 U1-10-64。

[②] 约翰·伯格：《影像的阅读》，第 18 页。

商人的精明与画家的巧思结合在一起,通过画中具体形象的设定(女郎与猛兽),相互关系的明确(驯服与被驯服),有效刺激着家庭主妇们、白领丽人和摩登女郎们消费的欲望,成就了这座商业都市惊人的购买力。

据1934年8月7日《申报》披露,"最近国际贸易局发表,我国妇女化妆用品,脂粉香水等的入口,半年来计划达八十五万,较之去年度一百五十万之数"有显著增长,仅六月份香水脂粉进口即"合国币十四万肆仟零四十元;而时髦妇女用限服装四端之花边,其数亦觉可惊,总核本年六个月进口,为国币五十七万七千九百六十二元。"[①]报道者面对如此的购买力,用了"亦觉可惊"来形容,要知道这里仅是化妆品和服装花边的进口量。

在1930年代,上海的都市女性中出现了"消费主义"的风潮,原因当然很多,不可否认的是,月份牌广告画在其中的作用一定功不可没。

---

① 《摩登妇女的势力》,《申报》1934年8月7日。

足 印

引子

这是一组关于女人和她们的脚的老照片。

一个半世纪以前的上海租界,这些照片里的女人,是当地青楼翘楚,时人称作"书寓"和"长三",今人称之为名妓。

她们的脚不同一般,是小脚。旧时小脚有很多别称,"三寸金莲"最为人所熟知,"双翘","玉笋",虽不多闻,倒也贴切生动。

女人裹脚这一陋习,比较流行的说法是,源自距今1000多年前的南唐。后宫的嫔妃们为搏后主一笑,用厚布缠脚,在黄金打造的莲花上跳舞,"三寸金莲"由此而生,后主李煜果然认为此乃至美。

由此,开始了中国历史上源远流长的男子恋足之风;也是从这里出发,一代又一代的小脚女人,蹒跚地上了路。

唐代李白《越女词》曰:"长干吴儿女,眉目艳星月。屐上足如霜,不着鸦头袜。"诗仙对吴地女儿,先是品头,继而论足,在他的心目中,女子的双足可与面容媲美。无怪后人猜测,诗仙有恋足倾向。

原以为这是中国文人的专有癖好,看到两位鼎鼎大名的西方学者,竟也有关于恋足癖的论述。

一位是德国心理学家弗洛依德,他认为女性的脚,尤其在中国,经常被隐藏起来,因此男性通过偷窥女性的脚,能够获得心理上窥破别人秘密的快感。

另一位说得更直接:"世界各国的神话和民俗里有大量的材料表明,脚与性观念有着紧密的联系。在某些地方的某些时期,人们甚至觉得裸露脚比裸露生殖器更可耻。……妇女把脚和腿包裹、装饰起来,从而使它们更加引人注目……它们表现出相当的性特色,因而被看成是极有价值的器官。"①

这些论述太过理性,听起来有点玄,下面看一个感性直观的场景:

"秋谷也谦让了几句,随便坐下。举眼看时,只见双林打扮得十分齐整,……穿一件玄色花纱夹袄,衬一条湖色熟罗裤子,却把裤管高高吊起,露出一对尖尖瘦瘦的双翘,真是:

---

① 卡尔·A.梅林杰尔:《人类心灵》。

踏青有迹,一钩软玉之魂;落地无声,两瓣秋莲之影。

秋谷见她这一身打扮,已觉得有些心荡神摇,不能自主。暗想道:'难怪她见了客人不穿裙子,故意卖弄她一对金莲。'"①

这是清末小说《九尾龟》的一个片段,书中男主人公对叫双林的倌人上下一番打量,最后落在脚上,在心神摇曳的同时,还洞穿那女人的用心——用小脚来勾引男人。

这段描述验证了两位外国人的理论:女性的小脚与男子畸形的性心理有关。因此,旧时的名妓,除了出色的容颜,超群的琴棋书画技艺,一双诱惑人的小脚断不可少。

然而,缠裹天足毕竟是对人天性的摧残,社会的进步,终会抛弃这一陋习。下面数张摄于百多年前的旧照,恰巧见证了发生在上海滩上的这段往事。

(一) 裙摆处的阴影

照片-图95摄于1860年代,照中名妓手执书卷,安坐于西式靠椅,容貌清丽,神情淡然。

在那个年代,照中人必是个追求时尚的人。据史料载:"可以肯定上海最早的照相馆设立于19世纪50年代。"②至1870

---

① (清)张春帆:《九尾龟》网络版,第359页。
② 葛涛、石冬旭:《具像的历史》,上海辞书出版社,第15页。

图 95 戴帽子的上海名妓,照片,1860年代。

年前的这段时间,是照相术在上海商业化的起步阶段,许多一般民众因担心被摄走魂魄,对照相敬而远之,敢于走进照相馆的人着实不多。

照中的她正襟危坐的身姿和平淡得有点木讷的表情,还是透出内心的些许紧张。不过在这里,人们更加关注的是她的服装:宽大上衣盖住了膝盖,露出的及地长裙掩住了双脚。摄影师似乎也出于某种顾忌,用高光打在人物的身上,使裙摆处只留下一片幽黑的阴影。

她想藏起的仅仅是那双小脚吗?

这是无意之举,还是有意为之?

(二) 蹊跷的高脚凳

照片-图96较上一张迟了至少10年,摄于1870年代。

从照片上看,人物除没戴头饰,手中书卷换成折扇外,服装的变化不大:依旧是宽大的上装,衣领高耸,不露颈项;外衣袖宽大如披风,内袖却紧箍腕口,严实非常。这似乎遵从了当时社会对女性着装的要求。下身依旧是长长的裙子,若是站立,及地的裙裾必定会遮挡住金莲双钩。

然而,端坐椅上的她,一对平日里不轻易示人的小脚赫然显露。不知是有心还是无意,摄影师未对那个部位用光,裙摆下的小脚便若明若暗,看得不甚分明。

图 96 高凳上的上海名妓,照片,约摄于 1870 年代。

不过,这在那个时代已是出格之举。

张爱玲曾在《更衣记》中感叹旧时女子的鞋"本身就很少在人前露脸的机会"①。实际上她是在委婉地叹息她们脚的不自由。

张爱玲的时代比照中人要晚了几十年,女人露脚的机会尚且不多,何况清朝末年乎?

奥妙就在她座下的高脚凳。

凳脚高于腿长,两脚自然难落地,加上凳高,人坐得靠后才安稳,裙摆不免要被提上去,如此这般,想不露出"三寸金莲"都难。

那张胯下的高脚凳,是透出照中人暗藏心机的物证,还是照相馆里的寻常用具?

真相谁人知晓?

(三) 初露的小荷

照片-图97拍摄于1880年代,距上张照片又过去了十载。这个年代的上海租界,已出落成"东方明珠"的模样,社会风气日渐开化。花界选美炒得沸沸扬扬,青楼名妓的声名日隆,有关她们的一举一动,时时成为娱乐小报、旅游指南和石版画刊的

---

① 张爱玲:《更衣记》,《张爱玲文集4》,安徽文艺出版社,第30页。

图 97 上海名妓,照片,1880 年代。

"头条"。

成了公众人物的她们,照片是扬名立万的片子。较之前辈,她们在摄影机前更加自如。照片中的她,在镜头前没有忐忑地侧身,而是神情自若正对相机,双目直视,眼神不再游移。身体也很松弛,这可从她搭在高几上自然下垂的左手窥得。

最值得关注的是,她那双显露在明亮光影下的小脚,终于不再羞羞答答,犹抱琵琶了。得益于摄影师的用光,那脚的形状,鞋袜的色差都清晰可辨。

古人诗云"小荷才露尖尖角",预示夏天的到来。这双在镜头前真容初露的小脚,在预示着什么呢?

看来,时光流转,流去的不仅仅是时间,转来的也不单纯是光阴。

(四)跷起的二郎腿

1890年代是19世纪最后的十年。进入新世纪以后,将会有许多新的娱乐形式接踵漂洋过海,舶来上海,有些几乎与西方出现的时间相差无几。比如舞厅在上海的出现,与美国也就相差几年时间而已。新的娱乐形式来得真快,风水就要轮流转了。

作为租界文化的名片,名妓不久的将来就要被迫离开都市娱乐的焦点,被别样的娱乐形式边缘化了。趁着租界日渐的繁华和气氛的宽松,她们尽情享受着最后的时光。

图 98 上海名妓,照片,约摄于 1890 年代。

照片-图98的主人,一副气定神闲的模样,坐的不再是材质僵硬的木椅,而是一把舒适的藤椅。身体侧靠在扶手处,姿态闲适。右手执扇,左臂屈肘撑在椅背上,握拳托首,似在沉思中,颇有点男性文士的优雅。

最令人匪夷所思的是,她居然毫不忌讳地跷起二郎腿,宽大的裙裤下,大方地露出了三寸金莲。

看似尖锐的脚尖跷在那里,好像要挑落什么?

透着自信,没有不安,那架势看起来习以为常。

世道真的变了?

(五)张扬的显摆

20世纪终于来了。

照片-图99上的女人这回彻底放松了。她半躺在卧榻上,提花锦缎棉袍的下摆被撩起,搂在怀里。左腿弯曲,右腿架到了左腿上,内衬的裙裾从两腿间垂下。

那架势有点放浪,有点张扬,又有点无畏。

棉裤是北方的款(天津名妓?),裤管被绑腿扎紧,愈发衬出小脚盈盈一握的玲珑。

这次,她要显摆的是"廋、小、尖、弯、香、软、正"的全套"金莲"美学。

这样做,或许有她难言的苦衷。熟悉清末民初青楼史的大

图 99 名妓,天津(？),影楼明信片,约摄于1900年代。

抵知道,租界里的青楼文化,进入新世纪后,慢慢告别了它的黄金时代。城市里的中产阶级取代了苏杭地区的富有乡绅和流连于十里洋场的旧式文人,西方娱乐休闲方式的吸引力,逐渐盖过了日渐西沉的青楼。

不知从哪一天起,门庭开始冷落,过往多情多金的恩客,渐渐匿去踪影,贩夫走卒上得门来,日子远不及从前滋润。她想拍张更能显示职业特点的照片,广而告之,兴许能钩回一些旧客,重温过去的时光。

会如愿吗?

历史很快就给出了答案。

(六) 幸运的结局

照片-图100上的两个女子,生活在1917年的上海。

乍看如邻家女孩,也像学堂里的学生妹。

如若知晓了她俩的芳名,定然吃惊:一曰小林黛玉,一曰小紫鹃。这里的林黛玉和紫鹃,不是《红楼梦》里的人物,而是20年前名震上海滩的两位花界前辈。

照片中的她俩,借着前辈的花名入了行。

虽然还是置身摄影棚,但昔日内景的奢华雅致不见了,换作一派田园风光。

天边长云舒卷,一条石子路蜿蜒伸展。近处,一个女孩席地而坐,一手抚膝,一手搭在狗身上。另一个坐在矮墙上,左手抬起,指向画面一侧,眼睛无视镜头的存在,望着手指的方向。

人物少了往昔的正襟危坐,多了几分率真与随性,仿佛夏日午后邻家小院的景象,恬静而安详。

衣着较她们的前辈也有了很大变化:

上衣领口变低,颈项的束缚没有了;

斜襟上装的袖子仍是半截,衬里的束腕长袖不见了,露出小臂;

下身着裤装,两对天足无拘无束地享受着午后的阳光——盘腿儿坐的,裤管拉了上去,小腿半裸,天足横斜。矮墙上的那

图100 《小林黛玉现名小紫鹃与黛语楼合影》,照片,1917年。

位,两脚交叉,悬在半空,一双大脚煞是醒目。

远处似有夏风吹过,拂过脚面,带过一丝清凉。

这是两双值得庆幸的脚,没有被裹缠,脚趾和脚掌都得到了自由的生长。

尾声:远去的足音

这组照片展现了一段连贯的路程,艰辛而遥远。

在照片出现之前的近千年时间里,女人的"三寸金莲",只能在私密空间里摆脱裙裾和鞋袜的束缚,展示给关系亲密的男性观赏把玩。

除此之外,这类景象只有在邪狎小说和画本中觅得。

还有就是逛窑子,直上青楼。

照相术传入中国不过百多年,记录下许多过往的景象。这一组有关名妓脚的照片,与同期国家的大激荡、大变革相比,实在微不足道,即使与同期留下的众多青楼小照相比,也只是记录了一个小得不能再小的侧面。

然而,存在的必有它合理的一面。

女人裹小脚一直是为人诟病的陋习。解除脚的束缚,实现男女平等,是近现代中国反封建的标志性举动。用图片记录下这个事件,其意义不言而喻。

因照片主人的特殊身份,还使这些影像包含了特殊的意涵。

她们是青楼女子,以卖笑为生。病态的小脚迎合病态的市场需求,像琴棋书画的技艺一样,是她们谋生的手段,也是她们留住客人的秘诀之一。让她们与小脚告别,要付出比常人更大的代价。

1860年到1920年间,上海的花界经历了繁花似锦到落叶飘零的过程,也经历了封建雾霾散去,人性天空日渐清朗的变迁。

作为一直以来对社会新风敏感的一群,名妓的双脚也开始了弃旧纳新。

在镜头前,不同的时期她们有不同的表现:

最先的1860年代,用长裙刻意遮住小脚,秘不示人,说明当时风气未开,即使是总得风气之先的名妓,也不敢越过雷池半步。

其后的1870年代,坐在高脚凳上不经意露出小脚,仿佛是偶然和意外,但又何尝不是一种放风试水的举动,表明在西风日盛的租界,风气已悄然有变。

再后来的1880年代,端坐椅上大方地露出小脚,全无扭捏之态,看来小脚已被社会舆论解除了禁忌,开放的氛围正在形成。

再往后的1890、1900年代,坐着的,二郎腿跷了起来,无拘无束;躺着的,竟架起了腿,那姿势张扬热辣。这时的小脚已魅力不再,无人理会它的存在,不来点直露火爆的,恐怕更加无人问津——无论是对小脚还是对小脚的主人。

最后的1917年,那两位年轻名妓置身户外的照片中,两双天足看起来格外赏心悦目,标志着人性的翩然来归。

这张照片的背景,同时也成了这一组照片的象征:她俩身后的那条路,走过了多少双巍巍颤颤的小脚,一路行来,终于到了尽头。

一个对于中国女性痛苦而漫长的梦魇结束了。

还是那位阅读影像极有心得的约翰·伯格,他在品评一位摄影家的创作时写道:

"史川德的拍摄'瞬间'则比较像是一种传记似的,一种历史时刻的记录,……并不是捕捉决定的瞬间,而是企图提升某一个重要时刻,就好像说出故事的重点一样。"①

上面的六张照片,恰似一连串递进的"瞬间",成为一个延续了千年故事最后的六个重要节点。把它们串联在一起,比起各自孤立的存在,其内涵得到了提升,使之在貌似平凡的记录中,获得了一种承载历史的厚重感。

---

① 约翰·伯格:《影像的阅读》,第47-48页。
* 本节采用的六张照片均来自叶凯蒂:《上海·爱——名妓、知识分子和娱乐文化1850-1910》,第58、59、60、61、91、153页。

流　年

旧时，人们习惯称上海为"海上"。

史上为何如此称呼，学界说法多种，这里姑且不论，至于今人称其为"海上"，大抵与晚清上海的文学脱不了干系。

清朝末年，上海出现一部文学期刊，曰《海上奇书》。其后陆续刊行了多部以描绘繁华盛景、绮丽青楼为题材的小说，书名皆有"海上"二字，如《海上繁华梦》、《海上花列传》、《海上尘天影》等。

借"海上"指上海，大概是说书中描写的世界，远离大清国辖下的社会现实，别具一番似梦如幻的非现实感，恰如浩瀚汪洋中的海市蜃楼。文人笔下的"海上"，即为现实中的上海，如此梦呓般的颠倒，极易让人想起这座城市的本名来。

这幅名为《梦游上海》的石版画（图101），描绘了外地一位男子，在自家书房里伏案酣睡，梦到自己脚踏祥云，落在了上海的一处庭院内，他摇扇踱步，十分惬意。这画表明在外地人心目

图 101 《梦游上海》,石版画。《海上繁华梦》第一章插图。

中,上海是一座梦幻之城。《海上繁华梦》的作者孙玉生在书中就写道:"海上既无一非梦中境,则入梦是境者何以非梦中人!"①

被文人称作"海上"的这段时间,在1864至1920年之间,即上海开埠到民国初年。这既是上海都市发展的童年期,亦是城市文化的萌芽期。城市在成长中蹒跚学步,"变"与"化"成了它最初的童装。这期间,旧有的传统文化已经式微,现代文化尚在酝酿,两者交替之际,租界里的青楼文化和商场上的月份牌文化,如同生逢其时的两株奇异植物,抽枝拔节,叶茂花繁,不多年便木秀于林,成为那一时期"海上"最出色的文化风景之一。随着上海城市的进一步发育生长,这座城市的文化也渐有了"海上"的阔大格局与气象。

也许正是因为这一点,美国学者叶凯蒂女士才会说:"我认为上海不但在其他方面代表了中国现代文化的崛起,特别是视觉文化,视觉文化冲垮了以文人为代表的文化进展,也就是说视觉文化是以商业和新技术为主导的。"②

视觉文化"以商业和新技术为主导"的特征,在青楼小照、月份牌画和石版画上,表现得尤其明显:

——名妓小照是个人社交和揽客的名片;石版画刊如《点

---

① 转引自(美)叶凯蒂:《上海·爱》,第259页。
② 《〈上海·爱〉:晚清上海名妓》,《外滩画报》2014,03,17。

石斋画报》、《飞影阁画报》、《图画日报》等是供出售盈利的商业报刊;月份牌画直接就是推销商品的广告。它们虽然有着"视觉文化"的形式,但同时都有着各自的商业内核。

——照片是摄影术的产物,石版画和月份牌画是石板印刷、胶版印刷术的产物。没有相应的现代科技与设备,它们无法问世。

所以,它们是上海那个时期文化、商业、科技的完美合体,能做前人不可做之事:捕捉并留住鲜活的社会生活景象。

相片毫厘不差地把曾经的真实留在了相纸上,让后人真切地看到了百多年前的人与物;石版画和月份牌画虽经由画家笔下生成,却也是源自生活,且题材广泛,社会视野相较青楼小照更为开阔,把市井百态和时尚百变,都生动地留存在了画纸上。

这就是它们文化与历史的价值所在。

当下快节奏的生活,让人很难有时间静下心来品读文字,特别是关于历史和文化的那些枯燥文字。法国历史学家费尔南·布罗代尔在其关于地中海的书中说,他曾通过"致力于收集描述性的细节"[1],去解读过往的历史。从他的著述中看,所谓"描述性的细节",正是来自文学作品,随笔,甚至小说。

---

[1] 布罗代尔:《菲利普二世的地中海和地中海世界》,商务印书馆1996版,第394页。

这是十分具有启发性的示范。

"视觉文化"与"描述性的细节"从接受者的角度实为异曲同工,都具有"即视感",俱是强调感性,着眼于拉近今人与往昔的距离,减少彼此间的疏离;而二者的结合更是值得探讨的方向。

青楼小照的社会文化价值越来越被承认,比起月份牌画和石版画来,它更接近于真实,所以在三者中居于主角的位置。照片是"视觉文化"的载体,以它为对象,依据拍摄时的种种主客观情形,用一则"虚拟故事"与之匹配,便是嫁接"视觉文化"与"描述性的细节"的一种尝试,希冀借此改变传统的图像解析方式。

"描述性的细节"具有延伸和再造场景的功能。青楼小照中绝大多数场景是摄影棚里的景象,如要从一个更大的视野进行审视,就需要再造一个典型的场景,例如她们工作的场景,恰恰这类场面极少出现在照片中。在《箫声烛影》的虚拟故事中,以照片中的名妓为模特,用叙述性的语言构建了她在饭局上,为席中客人进行音乐表演的场景。这个场面在当时很有代表性,是名妓们展示音乐才华最常见的方式。由一张照片,引出一段故事,再现一个场景,增加了照片的社会纵深与想象空间。

"描述性的细节"具有提炼细节、制造氛围的能力。通过对历史细节的"描述性"还原,可以营造一种久远年代的气氛,使照片有了细部的真实感与史料性,让人从对照片的凝视开始,一步步进入"描述性"文字搭建的虚构世界,恍如与照中人携手相伴,不觉间有了"穿越"的感觉。

以《梦里书香》为例,虚拟故事中的主角是位青楼"文青"。如何还原这类青楼才女的生活场景,特别是她的文化素养?文中用了英国维多利亚时代的文房用具来表现(那个时代恰与人物所处年代相当),尤其是描写了人物用点眼药器给钢笔灌墨水的细节(当年英国人采用同一方法),让人感受到了那个年代青楼里的西洋文化氛围,以及那些风尘才女们特有的闺房气息。

"描述性的细节"还可以描绘照中人的内心,使人物从相纸上的平面呈现,变身为故事中的立体呈现。《镜中水月》的虚拟故事,讲述了一位名妓对返乡久未归来相好的复杂情感。这种对青楼里情感追求的虚幻感、无控感,虽由照中人生出,揭示的却是青楼名妓的共同境遇,表现了这个群体普遍存在的情感困惑与感伤。

再现场景,铺陈细节,探究内心,这个过程便是用"描述性的细节",在对照片进行不同角度、不同层面的填充;同时,也在对图像进行着不动声色的解构,其效果套用一句当下的网络语言,便是"有图有真相"。

从时间上看,青楼小照在上海开埠十年后就出现了,风行于19世纪80-90年代。20世纪20年代之后,伴随着青楼文化的衰亡,退出了上海娱乐文化的舞台。

石版画的生命长度大致与青楼小照相当,随着胶版彩色印刷术的兴起,很快便销声匿迹了。

月份牌画的生命力最强,最早的作品《沪景开彩图》成画于1896年,其后的1920至1930年代发展至顶峰,直到20世纪40年代仍有新作问世。

这三类公共图像首尾相接,几乎贯穿了上海从清末到民国的所有时光,逝去的流年已然沉淀在了那些图像里。

当年上海花界选美的重要推手《游戏报》主人李伯元深感选美之不易,感叹道:"特晚近以来,人才大不如昔,欲求一才色品艺俱优者,诚不多见。"为此,他只能"不得已而思其次",降低标准完事。①

他大概不会想到,"诚不多见"的才、色、品、艺四条标准,在青楼小照和月份牌画中,经由人与物的搭配关系而得以呈现,成就了女性公共图像中四个最常见的主题。在近百年的时间里,这种已经固化的搭配关系,没有因岁月流逝而改变,反复出现在了画面中:

一是花卉,在图像中隐喻"色"字,象征着清末名妓和民国女人的如花容颜;

二是书籍,在图像中隐喻"才"字,象征着清末名妓的文才

---

① 《游戏主人答客论开花榜之不易》,载陈无我《老上海三十年见闻录》,第194页。

和民国女性整体的文明程度;

三是音乐,在图像中隐喻"艺"字,象征清末名妓的音乐技艺和民国女性的音乐修养;

四是宠物,在图像中隐喻"品"字,象征清末名妓内心的柔软与良善和民国女性的爱心。

溯流而上的探寻,结果总是让人难以置信:就像奔流万里的长江,发源于各拉丹冬冰峰下不起眼的细流一样,当年植根市井的几件寻常物——青楼小照、月份牌,还有石版画,不期然成了日后蔚为壮观的海派文化源头之一。

借用那位美国学者叶凯蒂女士的话,来结束这次"海上"文化的探源之旅:

> 现在的史学和文学,把娱乐文化整个忽视了,我觉得其实在大的社会变革之中,娱乐文化不但起了调节的作用,而且把新的文化以温和的形式带给大家。[①]

所言甚是。

十九世纪后半叶的上海,确在经历着前所未有的社会变革,其新旧相搏、中西激荡的深度和广度,在当时的中国绝无一

[①] 《〈上海·爱〉:晚清上海名妓》,《外滩画报》2014,03,17。

地可望其项背。其时,亦是上海城市文化的破土时分,海派文化早期的视觉"三件套"(青楼小照、月份牌、石版画),天然融合了"娱乐"、"科技"与"商业"的海派文化基因,借以"温和"的方式,深刻改变着上海旧有的城市文化风貌,对其后的文化发展亦起到了引领的作用,理应得到今人更多的眷顾与重视。

拿来再引申一步,如果在研究方法上,更加注重"视觉文化"的特点,于严谨考据之中融进适当的"描述性"元素,以较为感性的面貌将过往呈现出来,把沉淀在历史中的文化"以温和的形式带给大家",这样,定然有助于"调节"读者与历史间的距离,提高人们阅读历史的趣味与兴致。

于金陵人和佳园,2016 年 3 月